地方一棟投資のススメ

生涯年収を増やして豊かな人生に

地方高利回り絶対主義大家
中島 亮

合同フォレスト

はじめに

近年サラリーマンの終身雇用制は崩壊しつつあります。全力で会社に尽くしても、報われるか否か怪しい時代になってきたのです。

そのような世の中では、軸足を会社に置くとしても、もう片足を他の収入源に置くことこそが合理的な生き方であり、自己防衛の基本と言えます。

片足を他の収入源に置くということは、副業をするということです。サラリーマンの副業としては、不動産投資が最もお勧めです。というのも、不動産投資の成否のポイントは融資を受けられるか否かにかかっており、この点、サラリーマンは融資を引きやすいのです。さらに、購入後は、アパートが稼いでくれるので、副業に時間をかけられないサラリーマンに適していると思われます。

そして、不動産投資の中でも、最近脚光を浴びているのが地方一棟投資です。

積極的な理由としては、地方一棟投資は運用益を稼ぐのに適しているからです。

消極的な理由としては、以前はやった都内一棟投資が、実質的にサラリーマンには運用困難になり、結果、地方投資に流れざるを得なくなったからです。困難になった理由は、スルガ問題以降、金融機関がサラリーマンにも頭金を2～3割要求するようになったためです。

以前は、都内一棟で2億円程度の価格でもサラリーマンの属性（金融機関によるその人の経済的評価）を利用して物件価格全額を借入するフルローンが可能でしたが、現状、物件価格の2～3割相当の4000万円から6000万円の自己資金を用意することが要求されるようになり、その条件ではほとんどのサラリーマンにとって不可能となったのです。これらのことから、不動産投資として地方一棟投資が注目されているのです。そこで今回『地方一棟投資のススメ』と題して上梓いたしました。

私は、22年前に川崎市で戸建て賃貸と新築一棟アパート投資を開始して、その後すぐに、北関東を中心に地方一棟投資を展開しており、すでに39棟385戸を有しています。そして、そのかたわらで不動産投資塾を運営、100名以上の卒業生を輩出し、その大半の方が成功されています。中には、私の規模を抜きそうになる方もおられます。よって、最近の状況を踏まえた地方一棟投資のノウハウに通じており、私自身は他の方に話せる程度の知見はあると自負しております。なお、塾生の生き様をコラムとして記載させてもらっています。きっと皆さんの参考になると思います。

では、地方一棟投資を開始するとして、何からどう着手すればいいのでしょうか？まずは50時間勉強するべきです。本書を含めて5冊の本を精読してください。これでだいたい25時間かかります。その後、25時間かけて不動産投資ポータルサイト「楽待《らくまち》」さんの動画やコラム等で知識に幅を持たせるのです。

50時間の第一歩が〝本書を読むこと〟です。5時間かけて読んでください。最初は、サーッと読んで雰囲気を感じ取ってください。次に、数字等の細部を見ながら、自分が当事者になった場面をイメージしながら読んでください。

地方一棟投資だけでなく、不動産投資の基本がわかります。抽象的でなく具体的にわかるでしょう。各投資手法の違い、「利回り」「市街化調整区域」「減価償却」といった専門用語等も理解できるようになっているはずです。

私がお伝えしたいことは、①「サラリーマンは、不動産投資をしなさい」、②「そのためには50時間は勉強しなさい」、③「そして地方一棟投資がサラリーマンには合致している」、④「ワナにかからない不動産投資を全うする」の4点です。本書がその第一歩となり、最初の5時間分となれば幸いです。

中島　亮

目次

第3章 地方高利回り投資の特徴――都内投資と比較して

第4章　購入

第5章 管理・運営

第1章

サラリーマンにとって不動産投資が必要になった

1 現在の状況

まず、不動産投資の現状について、軽くポイントをお話しします。

いくつかの要素がありますが、最近の一番の特徴としては、不動産投資家が増加し、競争が激しくなってきたということでしょう。

こちらのグラフは、国内最大級の不動産投資ポータルサイト「楽待」さんの会員数の伸びを示しています。不動産投資家の数の増加の一応の目安になると思います。

このデータを見ると右肩上がりです。

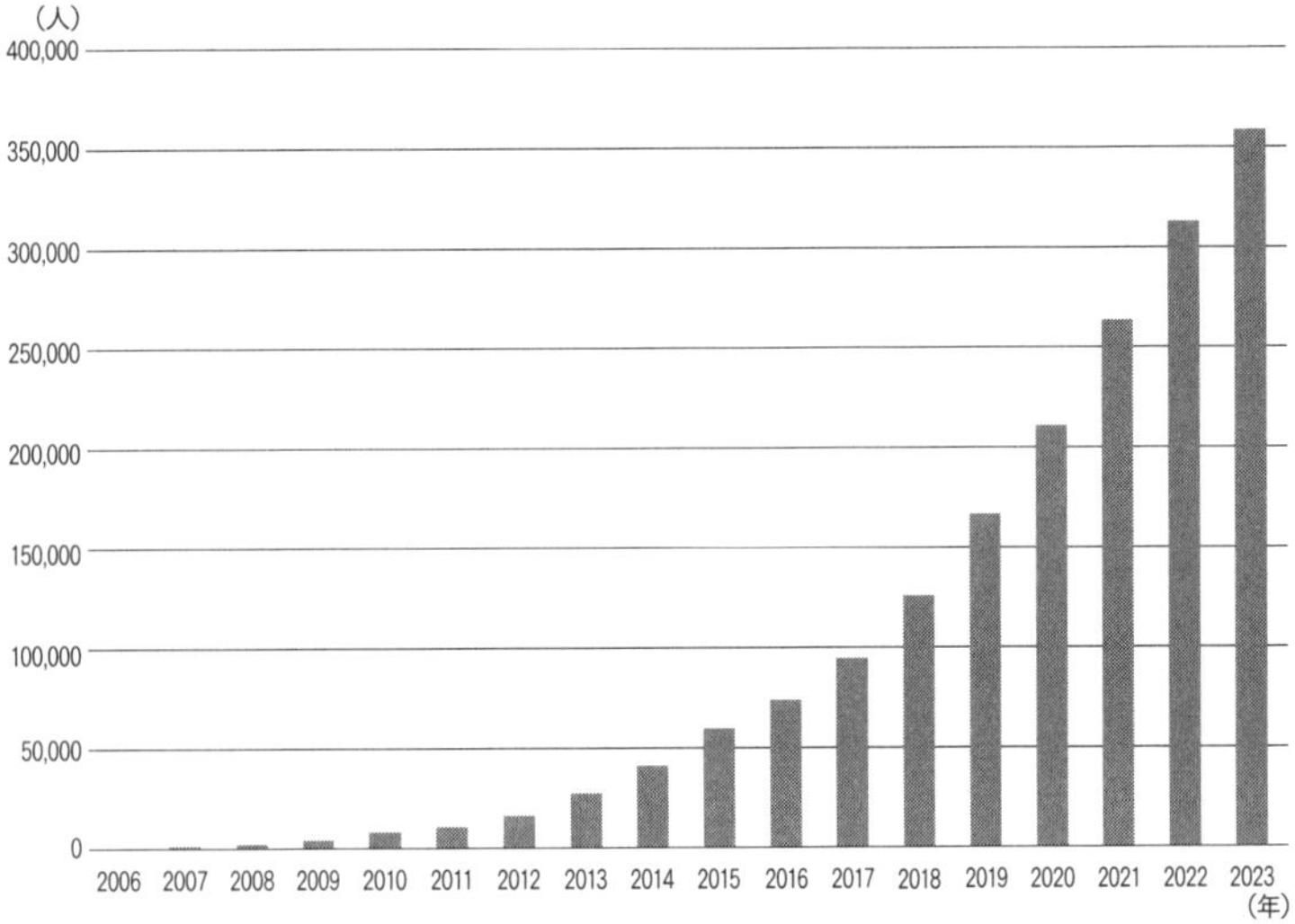

「楽待」さん会員数の推移　（「楽待」より）

特に、２０１７年の約10万人からたった5年後の２０２２年には3倍の30万人超になっています。

すさまじい増え方です。

2 不動産投資家が増加している原因

不動産投資家が増加している原因について、次の点が考えられます。

❶終身雇用制の崩壊で正社員自体が少なくなっているとともに、今まで副業を禁じていた会社がむしろ副業を勧めるようになってきた。
❷同一労働同一賃金で正社員の処遇が低くなっている。つまり、非正社員の処遇を上げるのでなく、正社員の処遇を下げることによって同一労働同一賃金を達成しようとしている。
❸年金支給額の減少と支給時期の引き上げが予想される。

このようにサラリーマンの基本であった終身雇用制が崩壊し、さらに、正社員の処遇自体が下げられ、とどめの年金額の減少と支給時期の引き上げが原因として想定されるのです。すなわち、全力で会社に尽くしても、かつてのように報われるか否か怪しい時代になってきているのです。

そのような状態では、今後も軸足を会社に置くとしても、もう片足を他の収入源に置き、別の収入源を持つことこそが合理的な生き方であり、自己防衛の基本となるのです。

もはや、副業をすることは、特別な生き方ではなく、生き抜くための必然的な行為だとすら思えます。

このような理由から、サラリーマンの方々が副業の必要性を感じ、そして副業をするならば不動産投資が適していると判断された結果が、不動産投資家の増加に結びついているのではないでしょうか。

また、私が不動産投資を始めた20年以上前と異なり、銀行のサラリーマンの不動産投資に対する姿勢の変化と、不動産投資に関する書籍の増加、そして、「楽待」さんのコラムや動画等の情報が増加し不動産投資が身近になってきたことも増加の一因となっているはずです。

もちろん、投資家が増加してきているということは、ライバルが増加して、激戦になることを意味しています。

3 サラリーマンの副業は、不動産投資が適している

サラリーマンに副業が必要だとして、果たして不動産投資が本当に適しているといえるのか、詳しく説明します。

サラリーマンが副業を行ううえで、必要とされる要件は、主に

❶本業がある以上時間をかけられない
❷特別なスキルが不要
❸リスクが低い
❹できればサラリーマンという雇用形態が有利なほうがいい

の4点ではないかと考えています。

不動産投資は、購入時は別として、買った後はそれほど時間がかかりません。また、後でお話しするように知識もそれほど必要ありません。

また、入り口さえ間違わなければ、投資系の中では、それほどリスクはありません。

さらに、サラリーマンが有利とされる特殊な事情があります。それは何でしょう？

不動産投資の山場は、ざっくりいうと

❶良い物件を見つける
❷融資を付ける
❸満室にする

の三つです。

その中で、最も高い山は、融資を付けることです。

融資を付けることができれば、良い物件を周りが持ってきてくれます。競り勝って良い物件をゲットすることができます。そして、良い物件ならば満室にしやすいです。よって、誤解を恐れずに言うと、融資を付けられれば、後はなんとかなるのです。

融資を付けるためには、好まれる属性（金融機関によるその人の経済的評価）でないといけません。

そして、その金融機関に好まれる属性とは、サラリーマンなのです。最近は少し厳しくなってきていますが、それほど変わりません。

それではなぜ金融機関はサラリーマンを重視するのでしょうか。

サラリーマンの生涯賃金は2〜3億円ぐらいです。終身雇用制が崩壊しつつあるとはいえ、日本には、いったん正社員として採用したらなかなか解雇できない労働法制があります。銀行員の目からは、サラリーマンの背後には手堅い2〜3億円の担保が見えるのです。

公認会計士も地方一棟を勧める　40代男性Tさん

経歴　東京生まれ。公認認会計士の資格を取得後、監査法人勤務を経て独立。

投資概要　現在、関東にアパート、マンション、戸建等を34棟所有。投資総額は5億円弱。年間家賃収入は7000万円。年間キャッシュフロー（CF）※は2000万円程度。

本人インタビュー

監査法人に勤務している時は、夜の12時近くまで日々忙しく働いておりました。しかし、妻が入院を伴う病気になり、私が保育園の送り迎え等をはじめとした子どもの面倒全般を見なければならなくなり、このため、それまでのハードな勤務を継続することができなくなりました。

その時に、私が働けなくなると生活が立ち行かなくなると考え副業の必要性を悟りました。その後、株も含めて投資の勉強をした結果、不動産投資が一番手堅いと考えました。この時、投資関連の書籍は３００冊程度読んだと思います。本業に代わる収入を得る目的の副業でしたので、運用益が重要だと思い、運用益に重点がある地方投資をすることにしました。サラリーマンが不動産投資をする場合には、初期の段階でまとまった資金を用意する必要があったので、地方投資でうまくお金を貯めることができました。

当時は仕事もあるので、平日朝3時に自宅を出発して、地方の物件を下見して朝7時に帰宅し会社に出勤する等、強行スケジュールで物件探索をしたこともありました。

また、物件購入後も、精神障害の賃借人や20匹のペットの多頭飼いの原状回復等の問題が発生しましたが、一つずつ片づけて、何とか月１００万円のＣＦを稼げるようになり、現在は監査法人を退職して、独立し、ゆとりをもって生活しています。特に、子どものサッカーにつきあってあげられるのが喜びです。

中島コメント

Tさんは、会計士さんです。企業監査をすることが仕事です。当然、資金の流れを把握してその後の経営について判断しています。私は、法律についてはある程度理解できますが、会計については、ほとんど知識がありません。そのため、会計士さんが、地方一棟投資という私の手法についてどう考えるのか、非常に興味がありました。

なぜか私には、会計士の知り合いが多いですが、いずれの方も運用益を重視した手法に賛成しています。Tさんも、地方一棟高利回り投資に肯定的な考えでした。むしろ、私よりもなお一層、高利回り主義でした。ボロボロな廃屋を購入して運用益を稼ぐ手法を取っています。このように会計の専門家からも地方一棟高利回り投資は肯定的にとらえられている点で安心しています。

なお、Tさんは、一定程度資産を形成して、運用益が貯まるようになったならば、次のステップとして、もう少し資産性のある場所での投資を考えられています。地方一棟で資金を稼ぎ、徐々に、都内に移行していくという考え方で、一つの有効な戦略です。

※キャッシュフロー（CF）とは、家賃収入からローンの支払いや経費を差し引いたあと、手元に残る額。一般に税引き前を指すことが多い。

4 不動産投資は危ない世界!?

多くのサラリーマンは、意識していようがしていまいが、終身雇用制の崩壊等で崖っぷちに立っています。そして、副業を行う必要性を痛感し、その中でも不動産投資に目を向けている方が大勢います。

ところが、初心者の罠にかかって大失敗している方も多いのが現実です。感覚的にいうと、50%ぐらいが失敗ないしは潜在的に失敗していると思います。

原因は、何の予備知識もなく、もっぱら業者のトークを信じて、雰囲気に押されて何千万円もの投資をしてしまう人が存在するということです。

そもそも売買仲介の不動産業者は、我々買主と微妙に異なる立場にある、ある部分利益相反者です。利益相反する相手の言うことを信じて何千万円もの物件を買ってしまっているのです。通常の社会常識からいうと、きわめて異常なことです。

しかも、その相手は、売れば終わり。当たり前です。

ある業者の営業の方から聞きましたが、実績の上がらない営業に対して「お前らはゴミだ。ゴミはどこにいるべきか？　ゴミ箱だろう」と叱責して、ゴミ箱の中に立たせたというエピソードを聞きました。事の真偽はわかりませんが、そのくらいの勢いで営業の方を追い詰めているのです。

ですから、営業も必死なのです。そのような営業の方を相手に、不動産投資の知識がなければイチコロです。しかも、悪人顔をしてだましてくるのではなく、人の良さそうな顔で丁寧かつ紳士的な態度で話してくるのです。

この業界の姿をわかりやすく解説してくれたのが、テレビドラマ化され、話題になった漫画『正直不動産』（夏原　武、水野光博、大谷アキラ原作）です。不動産業界は、海千山千の業者の人たちが必死にだましにかかってくる世界なのです。

「千三つ」という言葉があります。千の案件で三つしか成約しないという意味と理解していましたが、もう一つ、不動産屋さんは千の話のうちに三つしか本当のことを言わないという意味もあるかもしれません。

もちろん、大げさです。なんといっても、不動産屋さんは宅地建物取引業法（宅建業法）で厳しい縛りがありますので、明白なウソは逆につかないでしょう。ただ、グレーな部分は、最大限自分に引き寄せて、うまいやりとりをするのです。

その結果、サラリーマンで不動産投資に知識なく突入し、事実上のウソをつかれてたくみな誘導を信じ、失敗した方が非常に多いのではないでしょうか？　いわば死屍累々《ししるいるい》の状態です。私は、運よく本当の意味で「正直不動産」屋さんに出会いました。その方は現在、老舗である株式会社クリスティと富士企画の社長をされている新川さんです。きわめて稀な存在です。彼との出会いにより、いわゆるたくみな誘導に流されずに済んだのです。

ところが、私の知り合いにそのたくみな誘導にのってしまった方がいました。私が主催した物件ツアーで、現地見学に車で行く途中、5人くらいで世間話をしている時に、横に座っている人が「私は月に40万円手出しをしています」と話されました。

私は、その意味を悟るのに5秒ぐらいかかりました。

詳細を聞くと、あまり知識のない段階で、スルガ銀行からフルローンで貸してくれると言われて舞い上がり、宇都宮に2億円の利回り10％以下のＲＣ造（鉄筋コンクリート）のマンションを購入し、スルガ銀行の4・5％のローンを支払っているとのことでした。しかも入居率が悪く、60％だそうです。そのため、毎月給料から40万円の手出しをしているとのことです。

私は心の中で、その方に手を合わせました。投資家として終わった方だと思ったからです。

ただ、その方は、ブルドーザーのように馬力があり、私のつてを使いつつも、なんとかそのRCマンションを満室にして、その後も2〜3棟買い続け、無事、脱サラできました。その方は運が良いのだと思います。通常、不動産投資でしくじると大きな負債を負い、立ち上がれない場合が多いのですから。

私は、21年間サラリーマンとして働いていました。共働きでしたので、朝は時間に追われ、子どもを保育園に送り、電車の中では、痴漢に間違われないように常に両手を肩より上にあげて通勤していました。上司と部下に気を遣い、あまり社会的に評価されなくてもせっせと働いていました。そんなサラリーマン時代には愛着があります。また、私は人事系の部署にいたので、若い時から、リストラされた方々の相談にのってきました。つまり、脱サラした今でも、サラリーマンには親近感があります。

そんなサラリーマンがいきなり、もう、終身雇用は終わりだと言われ、慣れない副業をせざるを得ない状況に追い込まれ、しかも、何の知識経験もなく不動産投資の世界に突入し、業者にはめられて失敗している姿は見ていて非常に悲しいのです。きちんとした知識がないことが原因の悲劇です。

サラリーマンは、就職したら仕事の方法は会社が教えてくれます。これに対して不動産投資は、自ら積極的に知識を得る必要があります。

極端なことをいうと、「今まで会社に守られてきた真面目なサラリーマンが、慣れない副業をせざるを得なくなり、仕方なく不動産投資の世界に船出する」といった状況にあるとイメージしてもらうとわかりやすいかもしれません。あくまでもイメージです。

失敗すると、運用が毎月赤字で、何千万円もの負債を負いながら、多額の出費を強いられ、にっちもさっちもいかなくなっている方もおられます。場合によっては、自己破産に追い込まれてしまいます。ただ、自己破産できる方は、まだ幸せなほうであり、一定の賃金という収入があるために自己破産もできず、永遠に賃金の中から負債を払っていく地獄のような生活が続く人もいるのです。

このようなサラリーマンの悲惨な姿は見たくありません。

5 50時間で基本的な知識をつける

では、業者のたくみな誘導にのらないためにはどうすればいいのでしょう。

知識をつけるのが一番の近道です。

この点、不動産投資は他の仕事と比べてそれほど多くの知識を必要としません。50時間程度で一定の知識はつきます。

宅地建物取引士（宅建）の合格に必要な勉強時間は、一般的に、300時間から400

時間くらいと言われています。司法試験合格までに必要な勉強時間は３０００～８０００時間だそうです。

これらと比較すると圧倒的に少ない時間です。

具体的には、まず、気に入った本を４～５冊精読します、１冊５時間ぐらいかけてじっくり読み込みます。それに加えて、「楽待」さんのコラムや動画をみて知識の肉付けをするとよいでしょう。

本で25時間、サイト情報で25時間。合計50時間程度の学習です。

私は、５冊、25時間読んだ後は、日々「楽待」さんの動画を視聴し、コラムを読むことで基本的な知識が身に付くと考えています。知識的にはそれで完結するのです。

恐いのは、その程度の準備もなく何千万円の投資の世界に突入してくる人がいることです。決してやってはいけません。

ところで、「楽待」さんの動画には、私もよく出ています。私は「楽待」さんが業者寄りでなく、きわめて中立・公平な情報を提供していると思っています。なぜなら、「楽待」さんのサイトでは、積算価格やＣＦがシミュレーションできるツールがあり、条件を入力すれば即座に推定積算価格（土地と建物の価格をそれぞれ計算し、合算した評価額のこと）などを

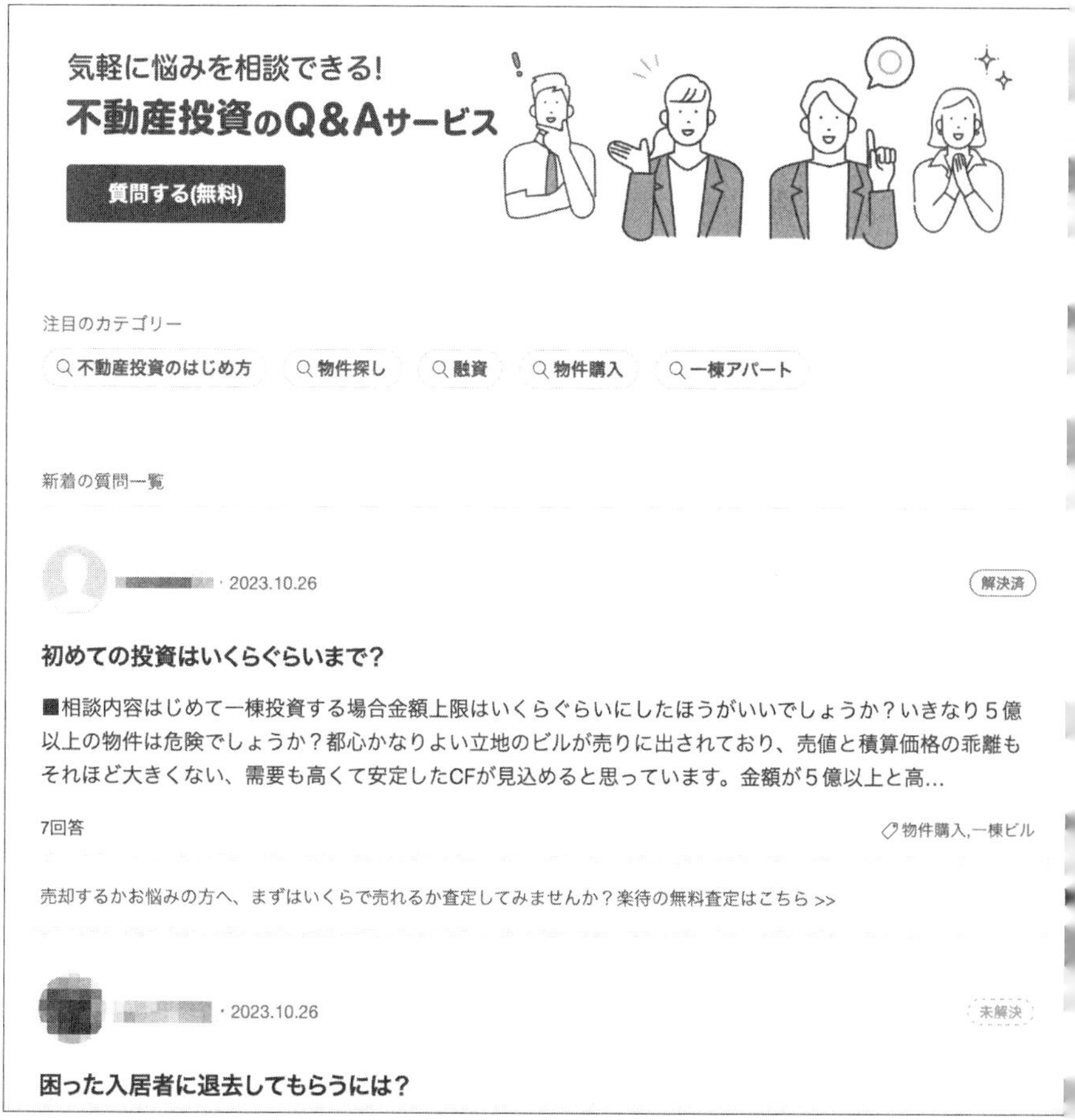
気軽に悩みを相談できる!
不動産投資のQ&Aサービス
質問する(無料)
注目のカテゴリー
不動産投資のはじめ方
物件探し
融資
物件購入
一棟アパート
新着の質問一覧
・2023.10.26
解決済
初めての投資はいくらぐらいまで?
■相談内容はじめて一棟投資する場合金額上限はいくらぐらいにしたほうがいいでしょうか？いきなり５億以上の物件は危険でしょうか？都心かなりよい立地のビルが売りに出されており、売値と積算価格の乖離もそれほど大きくない、需要も高くて安定したCFが見込めると思っています。金額が５億以上と高...
7回答
物件購入,一棟ビル
売却するかお悩みの方へ、まずはいくらで売れるか査定してみませんか？楽待の無料査定はこちら >>
・2023.10.26
未解決
困った入居者に退去してもらうには?

頼りになる「楽待」さんのＱ＆Ａサービス

算出することができるからです。これは業者からみれば不愉快でしょう。例えば積算価格が低く、儲からないことがわかった場合には、購入してもらえなくなりますから。「楽待」さんがいかに業者ではなく我々投資家のほうに顔が向いているか端的にわかる証しとも言えます。また、同サイト内の「楽待新聞」は頻繁に更新されており、不動産業界のトレンドや最新ニュースなどが積極的に配信されています。

なお、「楽待」さんは、以前は、無料で提供していたコンテンツを、プレミアム会員として有料化しました。人気のストリーミングサービスNetflixよりも高い額なので反発される方も多いでしょう。しかし、不動産投資に関する有益な情報は、私は、「楽待」さんが一番優れていると思います。その非常に有益な情報をキャッチすることなく、横に流れているのを眺めるだけでは、他の投資家に勝てません。

目標とするのは、何千万、何億の資産です。そのために使うべきお金は、惜しまずに使うべきです。ストリーミングサービスで人生は大きく変わりませんが、「楽待」さんでは変わります。

私は倹約家です。それでも、必要な出費は惜しみません。私は自分の塾生には必ず「楽待」さんの有料会員になることを勧めています。

第2章

不動産投資をすることの意味

1 不動産投資のメリット

不動産投資のメリットとデメリットをお話しします。
まずはメリットです。

❶一日30分程度の労働時間で足りる

私の21年にわたる大家経験から思うに、不動産投資は、いったんアパートを入手すると、後はアパートが働いてくれるので、自分自身はほとんど働く必要がなく、時間が取られないというメリットがあります。

もちろん、かけようと思えば、自主管理をしたりして、いくらでも時間をかけられますが、必ずしもかけなければならないわけではないのです。

私の場合、３８５戸所有していますが、一日30分の仕事ですみます。

台風の時や、大寒波の時には少し忙しくなりますが、運営自体にはほとんど手間がかかりません。

もちろん、新たにアパートを購入する時は、バタバタと働かなくてはならない場合もあります。それでも通常のサラリーマンより時間にゆとりがあるのです。

比較的富裕層である医者や弁護士といえども、結局は、自分自身が働かなければ一銭にもなりません。自分自身の時間の切り売りをしているのです。この点、不動産投資のほうがパフォーマンスが良いと言えます。

❷自分自身がどこにいてもいい

私事になりますが、妻が二重国籍で、米国の国籍も持っているため、私も米国に定住しようと思えばできます。しかも、現在はＬＩＮＥにより管理会社と容易に連携をとることができ、国外にあっても不動産の経営ができます。

そのため、時々ハワイに在住しながら、国内の不動産投資の収入で生活する姿を妄想しますが、英語が苦手なのであきらめています。

ただ、現に私の塾生の何名かは脱サラして東南アジアに住みながら、ＬＩＮＥで管理会社と密に連絡を取り合って、国内にいるよりもうまくアパート経営を行っています。不動産投資の運営では、もはや住んでいる場所は問われないのです。

「女性こそ資産形成を」海外から不動産投資　40代女性Aさん

経歴　東京生まれ。大学を卒業後、海外で団体職員として勤務しながら国内での不動産を購入し、その後、脱サラ。

投資概要　現在、区分3戸と関東に一棟物件を8棟所有。購入総額は3億8000万円、年間家賃収入は4000万円、年間CFは1000万円。

本人インタビュー

もともと母から「女性こそ不動産。手堅いところに就職したら早めに資産形成すべき」と言われました。それで独身の時に小さいながら居住用マンションを購入。結婚後に、ビジネス畑の夫の勧めもあり、区分を2戸購入。その後夫婦で検討したところ、区分は、あまり利益にならず、資産性も低いと気付き、一棟物を購入することにしました。ただ、最初の1棟目は、こちらの知識のなさを仲介業者につかれて満足できる物件を購入できませんでした。そのために、不動産投資の勉強の必要性を感じて、あらゆる機会をとらえて夫婦で知識を吸収し、その後7棟の物件を購入、運用しています。物件選びの業者連絡や賃貸運用は私、物件の査定や路線価の動向チェックは夫、と互いの得意なことを生かして分担しています。

中島コメント

Aさんは、高属性のサラリーマンです。そして、子育てをしつつも海外で働き、かつ、海外からアパート運営する点に特徴があります。Aさんのお母様の「女性こそ不動産。手堅いところに就職したら早めに資産形成すべき」との教えは千金に値します。また、ご主人のほどよい距離感もいいですね。そして、私が一番驚いたのは、海外でもLINEを使えば、日本の不動産の物件の管理運用が十分できるということです。写真のやり取りも容易ですし、アパートの故障の箇所も瞬時に把握できます。海外に住んでいても物件管理は容易だと私も勉強になりました。

❸定年がない

サラリーマンの後半の人生をざっくり区分すると、55歳で役職定年で悩み、60歳で再雇用で悩み、65歳で定年となり、後述するように年金支給額の低さで悩みます。

私がサラリーマンであればそろそろ定年の年です。しかし、定年がない場合は、死ぬまで働けます。ただし、平均健康寿命は72歳です。多くの方がその年齢ぐらいまでしか働けませんが、不動産投資の場合には、それを超えて平均寿命の82歳まで、そう、意識があれば死ぬまで働けるのです。少なくとも収入が確保できるのです。

むしろ、ドンドン投資するとその規模は飛躍的に増加します。私が現在所有している物件の購入総額は12億円ですが、平均寿命82歳まで投資を続けていくと50億円から80億円まで伸ばすことができます。

❹年金代わりになる

現在年金を給付されている方の平均額は18万から20万円ぐらいといわれています。

しかし少子高齢化が進み、現在30歳の方は、13万円から15万円程度になるといわれています。夫婦2人で、ですよ。これではどう考えても足りません。

もちろん将来のことなので、どうなるかは誰にもわかりません。

しかし、額が減り、支給時期も遅くなると考えておられる方が多いでしょう。このような不安要素が多い年金だけを期待して、老後に突入するのは怖くて仕方ないことです。不安を抱かせること自体が社会の問題です。

この点、現役時代の収入が多ければ年金額が高くなるので回避できると思われる方もおられるはずです。

しかし、仮に現役時代の収入が高くても、年金の頭打ちの問題があります。現役時代に月給が75万円（賞与を加味して年収1200万円）あっても年金（企業年金は除く）の支給額は月37万円ぐらいで頭打ちになるのです。つまり、月の収入が75万円あっても、年金の支給額は、その半分くらいの37万円になるのです。

ある年配不動産投資家が、サラリーマンで高属性の友達は、現役時代、同窓会の後にホテルのラウンジでコーヒーを飲んでいたのに、年金生活になると、皆いそいそとリーズナブルなカフェチェーン店に行くようになったとおっしゃられています。一方、その不動産投資家は、不動産の収入があり、65歳を境に減るどころか、逆に、増えていきます。定年後には、不動産を持っているか否かで大きくその後の人生が変わります。なお、ご本人はともかく、奥さま方が、現役時代の消費水準を引きずり、定年後にも同じ水準で消費を続け、貯蓄を食いつぶすこともままあるとも聞いています。

これらの解決策として、定年等無関係に自分の代わりに働いてくれる不動産を投資先とすることをお勧めします。自助努力して年金補充する意味で、不動産投資はかなり有効な策と言えます。

❺資産が資産を生む

これは、自分の労力を使うことなく資産が次の資産を自己増殖するという意味です。

つまり1番目の物件を購入したら、そこで得た資金でまた2番目の物件を購入し、次にその1、2番目の物件で得た資金で3番目を購入するというように自己増殖できる、ということです。

❻自分の金でなく、他人のお金で勝負できる

不動産投資のポイントは、てこの原理です。「レバレッジ効果」と言われるものです。

小さい力で大きな効果をもたらすという意味で、不動産投資に置き換えると「小さい自己資金で融資という大きな資金を釣り上げて、投資効果を上げる」ということになります。

具体的には、自己資金と借入金を併用することで、見た目の利回り以上の収益を得ることができます。

例えば、1000万円の自己資金があったとします。その1000万円で、年間80万円の家賃収益が見込める投資用不動産を購入したとすると、利回りは8%です。しかし、1000万円を頭金として、年間240万円の家賃収益が見込める3000万円の物件（借入れ2000万円）を購入したとしましょう。「見た目の利回り」は同じく8%ですが、収益は3倍に跳ね上がっています。これが、「レバレッジ効果」で、より積極的な不動産投資の考え方です。

つまり、他人の力を使うのです。

そして、この他人の力を使うこと、すなわち融資については、サラリーマンが断然有利です。不動産投資の最大の難関は、融資付けです。融資においては、サラリーマンは、その属性ゆえに有利なのです。

通常はそれほど評価されないサラリーマンという属性を、金融機関は評価してくれるのです。スルガショック以前と比べるとやや衰えましたが、今でも強力です。

❼資産家になれる可能性が高まる、人生の一発逆転

資産家の定義はなく、一般に金融資産（現金等）か実物資産（不動産等）を問わず、自己

資産を多く保有する人または一族という意味だそうです。ここでは、1億円以上の資産を保有する方をイメージしてください。なお、富裕層という言い方もありますが、株の世界では、不動産を資産に含めないで定義付けされています。

1棟の不動産購入だけでは、資産家になりませんが、仮に、1棟購入後も続けたとすると資産家になれる可能性が高まります。

普通の収入の方が、時間をかけさえすれば、特段高い能力を要せずに高確率で資産家になれる分野が不動産投資です。

不動産投資が成功すると人生が一変します。収入面の変化だけでなく、自分の代わりに働いてくれる方（アパート）がいるのですから経済的および時間的に自由になれるのです。また、周りの見る目も変わってくるでしょう。人生の一発逆転なのです。

❽上司の給料を抜ける、さらに進むと上司の上司と肩を並べる収入になる

サラリーマンにとっては、上司の存在は大きいものです。しかし、不動産収入により上司の年収より高くなります。もとより、年収でその人の価値を推し量るわけではありませんが、ひとつの秤にはなり得ます。その秤から見ると上司の存在が自分より小さくなり、

存在感が徐々に小さくなってきます。そして、不動産投資をさらに続けると上司のさらに上司と肩を並べるようになります。そうなると、上司の存在というより、会社の存在が軽くなってきます。面白いものですが、多くのサラリーマン投資家はそのような心理状態となるのです。

もはや、上司の指示が、単なるアドバイスに聞こえるようになります。さらに、通常のサラリーマンの視野よりも広い視野で社会を見ることができるようになり、場合によっては、本業の成績も上がるようになるかもしれません。ただし、これは人によります。

❾脱サラできる

不動産投資が進むと、CFが本業を抜き、脱サラが可能な領域に入ります。ただし、私は、脱サラは勧めません。融資が付きづらくなるからです。

私は、辞める前に金融機関の方に、辞めても融資が出るかと確認したところ「中島さんクラスであれば大丈夫」と言われて辞めたのに、辞めたとたんに全く融資が付かなくなりました。その担当者も九州に異動になりました。そのため、私はサラリーマン時代、1年に2棟から3棟購入していましたが、辞めてから3年間は1棟も買えませんでした。

加えて、脱サラを勧めない別の理由もあります。こちらのほうが重要かもしれません。自己実現、自己充実の観点からも辞めるべきではないということです。

平たくいうと、脱サラをするとやることがなくなり、日々がつまらなくなるのです。働かなければならない平日があるので、土日が楽しいのです。毎日が日曜日だと、逆に、つらいのです。

むしろ、不動産投資で、経済的な余裕をもってサラリーマン業に従事すべきです。視野が広がり、むしろ、先にお話ししたように本業にもいい影響を与えます。

⑩子どもに財産を残せるだけでなく、職業も与えることができる

不動産投資は、資産を形成できます。これによりその資産を子どもたちに残せることができます。通常のサラリーマンであれば、よほどの大企業でない限り自宅の他に子どもたちに資産を残すのは難しいでしょう。さらに、不動産賃貸業は、財産だけでなく、不動産賃貸業という職業をも子どもたちに残すことができます。医者や弁護士は財産を残せても、仕事を残すのは至難の業です。医学部入学や司法試験合格という難題をくぐらなければならないからです。それに対して、不動産賃貸業は比較的たやすく引き継がせることができ

ます。

2 不動産投資のデメリット

不動産等のデメリットとその解決策を時系列的に分けて検討してみます。

(1) 入り口段階

❶入り口を間違えると多額の負債を負い破産

一般にその投資手法を取ると失敗するという例を4パターン挙げます。しかし、常にこれらのパターンがすべてダメというわけではなく、それぞれ一長一短があり、長所も必ずあります。

新築ワンルームマンション投資

失敗の筆頭例は、新築ワンルームマンションです。思ったように儲からない点、すなわち運用益がほとんどないのにもかかわらず、あるものと思って投資して失敗するパターンです。対策としては、事前に50時間も勉強すればどの本にも意外と儲からないとの記載があり、避けることができます。事前に50時間勉強しましょう。この点については、「楽待」さんの動画で不動産投資家の五十嵐未帆さんが「愛のお説教部屋」で何度も解説してます。この動画を一本見るだけでも失敗を回避できる可能性が高まるはずです。なお、この投資手法は後述のとおり（56ページ）、運用益はほとんどありませんが、ローンの残額は毎月減少していきます。目で見えないところで儲かってはいます。

サブリース

すべて失敗というのではなく、一部の方が失敗しているといわれています。失敗の原因は、じわじわと賃料保証額がローンの支払額より下回り、運用益が赤字になるパターンです。対策としては、建築前にまずその建築費が相場からどの程度上積みしているか知ることです。これを知るには、サブリースでない他の建設会社に相見積もりをすればわかります。もともと高値の建築費だったとわかるでしょう。

次に、サブリース会社としては、建築さえしてもらえれば、その段階で利益が取れるので、あまり、賃貸付けに興味がないのです。そこで、こちらとしては、本当に、賃貸付けができるのかを自分の足で近くの不動産屋さんに飛び込み確認すべきです。

また、30年の保証について、一般に30年間も賃料保証してくれるとしてもその額までは保証されないのが通常です。仮に、当初保証しても減額されることが多いです。その点を十分確認しておくべきです。サブリース会社は大手といえども、貸借人として借地借家法で厚く保護されています。

地方RC

失敗の原因は、利回りが低いので運用益が出ないこと、また転売の際に、買主に融資が付きづらいので売却自体が困難であることです。これにより、運用もダメ、転売もダメという進退両難の状況に陥ることです（詳細は87ページ）。

民泊・シェアハウス・店舗賃貸

これは法律の運用や経済の動向により大きく影響を受けます。現在、民泊はイケイケの状況ですが一時期は危なかった時期があります。ある程度のリスクを覚悟せざるを得ない手法です。そのことを認識して行うべきでしょう。

(2) 運用段階

❷空室リスク

不動産投資で一番恐いのは空室リスクです。

私は1～2棟目の段階では、空室があるとあまり眠れませんでした。しかし、もう慣れたので一定程度の空室は、想定の範囲内です。毎年、各アパートの入居率はでこぼこと上下しながらも、平均93％で落ち着いています。空室対策は、投資家の皆さんはそれぞれ工夫をされています。私は、「安く買って、安くリフォームして、安く貸す」をモットーにしています。また、購入時にヒアリングをしてエリアを慎重に選んでいます。

❸修理赤字倒産

不動産投資で空室の次に怖いのは、修理です。これが続くと赤字になり、倒産する場合もあります。特に、構造的な雨漏りや設備系に問題があると多額の修理代がかかるので、その危険性は高まります。対策としては、購入時に一級建築士に点検してもらい、内部、躯体の他、排水、給水、井戸ポンプ、浄化槽等の設備関係も確認してもらっています。もちろん、これで100%安全とはいえませんが、80%くらいは大丈夫でしょう。私は、建物の瑕疵《かし》は、素人でも40%は発見でき、専門家にみてもらえばさらに40%は発見してもらえますが、最終的には建物を解体しないとわからない部分が20%残ると思っています。

❹地震

地震対策は、地震保険に入ることが重要であり、旧耐震の物件を避けること。そしてリスクを分散させるためにも一カ所に集中しないようにしています。

❺金利急騰

今後は金利が上がることが懸念されています。私は、前々から金利が多少上がっても対応できるように5年固定金利を選んでいます。また、なるべく1年分のローン金額をストックしています。

❻賃借人とのトラブル

まずは、絶対に保証会社を通して入居してもらっています。なお、知らない投資家も多いのですが、いったん入居されると借地借家法で賃借人は保護されます。賃料不払い以外には重大な問題を起こさない限り法的に退去を求めることは難しいのです。

❼金銭感覚がおかしくなる

ネット収益はそれほどでなくても家賃として相当のお金が入金されてきます。私ですら毎月1600万円ぐらい入金されます。そうすると金銭感覚がおかしくなる方も出てこられます。

対策としては、つましく暮らし、見栄を張らずに、数字を冷静に判断すること。これらのことを常に心がけたいものです。

なお、私は今後、借金はほどほどにして、現金買いの戦略に転換し、リスクを軽減するつもりです。

❽借金の額の大きさに押しつぶされる

慣れます。しかし、むしろ慣れること自体が恐ろしいといえます。借りる方は50億円以上借ります。そのレベルになるとやはり、日々緊張されているようです。

❾副業規定違反

管理会社に委託していれば、それほど時間をさく必要がなく、本業に影響がないといえます。職務専念義務に反していない限り、問題ないでしょう。ただ、就業規則を盾に、事実上処分されれば大変です。そのために職場の誰にも話さないこと、確定申告を工夫して補足されないようにすることが重要です。

❿実物世界なので対人折衝能力が必要

株と違い対人折衝能力が必要です。慣れるしかありません。机上のみで不動産投資をするのは困難です。私の塾でも飛び込みで不動産屋さんに突入する練習をしますが、苦手な人にとっては本当に嫌なものです。しかし、その方々も何回も実施することにより慣れてきます。慣れが重要です。

⓫孤独

不動産投資は孤独です。もちろん会社には内緒ですし、さらに、ご家族が興味を持っていなければ、ほぼ1人です。これには、大家仲間をつくることが対策になるでしょう。

夫婦で助け合いながら夢を実現　50代K夫妻

経歴　百貨店本部職員（正社員）と運送係（ミュージシャン兼アルバイト）として職場で出会い結婚。結婚後も夫はミュージシャンとして33歳まで活動し、その後、一時は定職に就いたものの腰が定まらず、そのために奥様が自分の収入の他に、収入増を確保すべく検討したところ、不動産投資の有利性に気付き、夫を巻き込む形で1棟目を購入。その後立て続けに購入。

投資概要　群馬・埼玉・都下に一棟アパート6棟戸建1棟44室所有。投資総額は2億8000万円。年間満室家賃収入は2634万円。年間CFは1260万円。

本人（夫）インタビュー

私は大阪出身で33歳までミュージシャンとして活動してました。きっかけがなければその後も転職を繰り返したダメ人生だったと思います。ところが、50歳過ぎに大きな転機が訪れました。妻が不動産投資の勉強を始めたのです。それから共に活動して、私の所有の

1棟を皮切りに、現在6棟1戸建てを有しています。自分自身、すごい低属性でありながら、ここまできたかと感慨深いです。もちろん、ここに至るまでいろいろな試行錯誤をしました。そのたびに、夫婦、共に励まし合い危機を脱してきました。その結果だと思います。

中島コメント

不動産投資の基本は、いかに銀行から融資を引いて、購入し続けるかがポイントです。

その際には、銀行が融資してくれる属性である必要があります。そのために、融資しづらい低属性の場合に相当のハンディがあります。お2人はその点を見事に乗り越えて、次々に購入していかれました。もちろん奥様の属性が高かったことも助けになっていましたが、ご主人様のコミュニケーション能力の高さも要因としてあると思います。ただ、初期の段階で、お2人が私の物件を現実に見て、この程度の物件（ややぼろ物件）でも成功するんだとのイメージができて、そのイメージが心の支えになったとの話を何度も聞かされたのには閉口しました（笑）。

なお、不動産投資には、ご夫婦のどちらかが単独で行い、もう片方の方を説得する場合が多いです。この場合、説得に失敗して不動産投資を断念される方もおられます。また、購入後に家賃が無事入金されてホッとし、それから積極的に協力してくれる場合も多いです。こちらのK夫妻のように共通の目的のために互いに助け合いながら行動するパターンも最近は多くなってきているイメージです。お2人には今後も仲良く、買い進めてもらいたいものです。

(3) 最終段階

⓬売却や更地にしないと最終的な利益がわからない

不動産投資の勝敗はわかりづらいです。運用益はわかりやすいですが、転売益が確定しないと最終的に儲かったのかどうか、わからないのです。対策として、後で説明しますが、とりあえずその物件のシミュレーションは必須です。途中で転売できればそれでよいのですが、途中で転売しない場合をシミュレーションしておくべきです。

⓭不動産が負動産になる可能性

越後湯沢のリゾートマンションの例でもわかるように、空室が増加すると毎月発生する共益費や修繕積立金や、さらに、その維持のための経費が集まらなくなり、必要な修繕が行われず、スラム化します。また、戸建ての別荘でも使わなくなれば、毎年固定資産税が発生するだけの負債になります。購入時にはその点の配慮が必要です。なお、越後湯沢は、現在は、立ち直りつつあるとは聞いています。

3 不動産投資の種類

不動産投資といってもいろいろな種類があります。

それぞれ一長一短があり、すべての面でダメな手法というのはなく、また、すべての面で優れているという手法もありません。

ただ、前述したように、入り口を間違えると即破綻します。

ここでは典型的な二つの投資手法について、それぞれの長所と短所を説明します。

(1) 新築区分（ワンルームマンション）

まず、あまりにも問題が多い新築区分についてです。

これはいつも失敗例の筆頭に挙げられます。何が問題かを一言でいうと「思ったより儲からない。それが30年続くが、最後には年金代わりになる」ということです。

この手法の長所は、次のとおりです。

❶額が1000〜2000万円前後と比較的低価格
❷場所が都内であり安心できる
❸当初は融資が付きやすい
❹仲介会社の対応が丁寧
❺年金代わりになる

これに対して短所は、次のとおりです。

❶運用益がほとんどなく年間10万円ほどで、空室になればこれも消し飛び、かつ30年続く
❷新築家賃が一回りしたら新築プレミアムがなくなり、想定外に家賃が下がることがある
❸土地が共有なので担保としては弱く、融資が続かない
❹購入時は新築なので、相対的に高値でつかんでおり、転売してもあまり儲からない

まず、運用益がない点については、きちんとシミュレーションをすれば明らかです。出費は、ローンだけでなく、共益費、修繕積立金、保険、取得税、固定資産税そして空室損失等も勘案しなければなりません。このシミュレーションは、月単位だけでなく、年単位、一生単位で行わなければなりません。家賃の目減り、大規模修繕等も勘案しなければなりません。また、途中で売却すればいいのですが、最後まで、持ち続けた場合には、解体費も勘案しなければなりません。「あまり儲からない」との結論に容易に達するのです。

しかし、多くの方はこれらを勘案せずに、家賃とローンのみでざっくりと考えて突入してしまうのです。

なんといっても1000万円から2000万円もの投資をしているのに、ほとんど儲からない期間がローンを返済するまで長く続くのです。資金に余裕があれば別ですが、通常

は耐えられませんよね。

ただ、このような投資でも、毎月ローンの返済は行われており、見えないところで資産形成されているのです。その結果30年後に築30年のマンションの一室が完全に自分の物になります。この点は評価すべきですが、気が長い話になります。

(2) 戸建て賃貸

次に、今人気の戸建て投資です。

私も川崎市に戸建てを3戸所有していますが、戸建て投資の私のイメージは「利益がちまちましているうえに、最初にＤＩＹで手を入れるなら難易度は高い。ただし、コロナ収束後でこの投資手法は大きなチャンスがきている」というものです。

戸建て投資には次の五つの長所があります。第一の長所は、少ない資金で可能であり、場合により３００万円ぐらいで勝負できるということです。特に、不動産投資に対する融資が絞られている現在、とても有力な手法です。

第二の長所としては入居率と定着期間が長いことです。

戸建賃貸は、賃貸借の究極型だと思っています。

タワマン等のハイソサエティな賃借人を除くと、通常の賃借人は、戸建てに住みたいが、家賃的な問題から一棟アパートを選ばざるを得ない。そのため、戸建ての希望者が多いのでないかと思われます。つまり、賃貸需要が高いのです。

これに対して、供給数は少ない感じです。

そこで、家賃の価格帯を間違えなければ、高い入居率を期待できます。

また、戸建ての希望者にはファミリー層が多く、いったん入居すると定着率も高い傾向にあります。さらに入居時にお子様が小中学生の場合、転校を嫌がるのでなおさらその傾向が強いのです。

第三の長所として出口が広い点があります。

一棟アパートと異なり、戸建て賃貸は、賃貸をやめてマイホームとして売却が可能な点が評価できます。つまり、出口が広いのです。

第四の長所としては、多少の補修等は賃借人自らやってくれる場合が多いことです。

第五の長所としては、管理も自主管理できる場合がほとんどで、管理費が不要になる場合も多いことです。

次に、欠点です。

第一に、賃料が5万円前後と、運用が軌道に乗っても大した利益にならないことです。購入時の労力および投資する現金（戸建てを現金購入した場合）が一棟アパートとあまり変わらないにもかかわらず、利益が少ない気がします。端的にいうと「ちまちましたイメージ」ですね。

第二の欠点としては、物件の価格帯が安いために、通常の不動産仲介業者が仲介を嫌がることです。仲介会社が間に立つメリット・デメリットはそれぞれありますが、あまり経験のない段階で、仲介会社の関与なく、自ら、単独で不動産の売買を行うのはかなりリスキーな感じを受けます。

第三の欠点ですが、物件価格が安いこともあり、事前に建物の診断をプロに委ねることなく買ってしまいがちなことです。前述のとおり、建物の瑕疵は、我々素人でも、40%程度は見ればわかりますが、40%はプロでないと見つけられません。さらに、残りの20%は、プロでも解体しない限りは、見つけられません。発見率が40%と80%とでは大きな違いがあります。

第四の欠点ですが、購入時に補修が必要な場合に、自分でやろうとすると失敗しがちだということです。もちろん、センスがよく、根気が続く方は成功します。

しかし、時間と根気とセンスがない方は迷わずに、工務店に委ねるべきです。ただし、その額を正確に把握し、事前に収支計算へ組み入れておくことが重要です。

問題は、自分自身で、補修を行う場合です。この場合は、投資の難度が高くなります。

一見、補修方法を動画で見ていれば誰でもできそうですが、なかなかそうはいきません。

私の塾でも実際にクロスを張ったり、和室を洋室に変更する作業をやってもらっていますが、その場ではうまくいっても、実際に1人で全部の部屋のクロス交換を行うのは、その技量もさることながら、根気も必要です。

かつて私の塾生で、千葉県浦安市に住み、毎週末に群馬県の前橋市にＤＩＹのために通った方がおられました。

経費削減のために一般道を通り、片道5時間近くかけ、資材を百均で調達し、3カ月でなんとか仕上げることができました。すごいセンスとパワーです。その方は20代です。

ただ、もう二度とやりたくないとおっしゃっていました。

このように、根気よくそれを成し遂げたとしても多くの方はその1棟で気力が尽き、2棟目もやりたいと思う方は少ないようです。さらに、自分自身ではうまくできたと思っても所詮は素人工事であり、賃貸の客付け会社からは「中途半端な工事をして…」と冷ややかな目で見られることもよくあります。

戸建てというとDIYを想像する方が多いのですが、それをやるには相当の根性とセンスがないと不完全なものになってしまう、ということです。覚悟をもってやりましょう（笑）。

百均でリフォーム　20代男性Mさん

経歴　東京生まれ。早稲田大学を卒業し、大手プラントメーカー会社に就職。不動産所得を得た後ベンチャー企業の現在の会社に転職。

投資概要　アパート3棟所有。取得不動産総額は2800万円。年間満室家賃収入は650万円。年間CFは280万円。

本人インタビュー

私は現在、従業員数約200名のベンチャー企業に勤めています。住宅のコンサルタント的な仕事です。毎日、北海道から沖縄まで、飛び回っています。週に2日程度しか家に帰れず、休みもあまりとれません。しかし、毎日が充実しており、好きでこの業界に飛び込みましたから、本当に楽しい日々を送っています。

この仕事に転職する前は、大手のプラントメーカーに勤めていました。勤務条件は、現在よりはるかによかったのですが、やりがいを見つけられませんでした。組織が大きいだけあり、担当業務が決められていました。

とはいえ、その組織から出ていく勇気は、私にはありませんでした。失敗したら、路頭に迷うと考えたからです。しかし、不動産投資を行い、毎年、手取り200万円程度を確保できることになり、これを経済的基礎として、ベンチャー企業である今の会社に飛び込むことができました。不動産投資は、私の人生を変えたといってもいいと思います。その経過をお話しします。

まず、いろいろ探したところ、新築区分を買ってしまいました。失敗でした。返済比率が89%もあり、儲からないのです。下手をすると赤字です。

やはり、本だけではダメだとわかり、塾に入ることにしました。そこでは、物件探しから決済までのステップごとに講義が行われ、しかも、現地研修も行われる点が良かったです。東京育ちの私は地方に行く機会が少なく、この研修で地方がどういったものかを肌で感じることができました。さらに、実地で研修するために再現性が高かった点も良かったです。

そのようななかで、利回り22％の物件を紹介してもらいました。この物件は、高利回りである点も良かったのですが、１０００万円という小ぶりな点も気に入りました。最初の投資では、少額がいいと考えていたからです。場所も高崎市という群馬では一番勢いのあるエリアです。しかも、駅徒歩８分で、スーパーが近くにあります。

しかし、問題点がありました。８部屋の内空室が６部屋、敷地内駐車場がない点、さらに内外装がボロな点です。ただ、中島さんも、ボロボロで全空の物件をよく購入されています。そして、ある程度きれいにして満室にしている経過を現に研修中に見ているので、ボロだからといっても怖くはありませんでした。

ただ、中島さんは資金力があり、リフォーム業者に依頼して「釘一本打ったことがない」といつも豪語されていますが、若い私の場合には、それほど資金がなく、自力でやらざるを得ないと決意しました。また、それが自分の勉強になると思いました。

多くの資材を百均で調達しました。特に、キッチンのリメイクには、百均のリメークシートが役立ちました。キッチンの扉等にカントリー調のシートを貼る作業は９時間かけて行いました。

これらのＤＩＹ作業のために、毎週土曜日の早朝に浦安から高崎に向かい、物件で泊まり、日曜日も作業をしました。高速道路ではもったいないので、一般道で通いました。片道５時間かかりました。もともとＤＩＹは好きでしたので、これほどの作業を行っても、苦ではありませんでした。時々、彼女も手伝ってくれましたし、むしろ、楽しく作業を行えたと思っています。ただ、当時は、一棟物を初めて買って、テンションが高めでしたので楽しくできましたが、もう一度やれと言われるともうできない気がします（笑）。

これらのＤＩＹの他、客付けにも無料で掲載できる地元の掲示板「ジモティー」を活用する等の工夫をしました。この物件に関しては、今まで、温めていたアイデアを労を惜しまずに実行しました。無駄なこともありましたが、大変役立った手法もありました。本当に良い経験でした。

このような努力のおかげで８部屋中６部屋空室だったのが、引き渡し後、４カ月で満室になりました。本当にホッとしました。同時に大きな達成感を味わうことができました。

高崎が満室になった後に、茨城県小美玉市と石岡市に同様の物件を購入しました。この物件は、高崎よりも手がかかりませんでした。利回りも20％を超えています。私は、年間手取り２８０万円の収入を確保できました。月で割ると23万円です。他の投資家から見るとたいしたことのない収入かもしれません。しかし、私から見るととても重要な収入なのです。

この収入があるからこそ、先にお話ししたように大手企業から好きなベンチャー企業に安心して転職できたのです。不動産投資は、私の人生を大きく変えてくれました。

今は本業が面白くてたまりません。本業が一段落したら、不動産投資を再開しようと考えています。

中島コメント

Mさんは、好青年です。性格もまっすぐなイメージです。ただ、さすがに20代で不動産投資をやっていいのか私自身も戸惑いましたが、見事に初期の目的を達成されました。一般道を浦安から高崎まで走るというのは考えもしませんでした。さらに、百均でリフォーム資材を調達することも私の予想外でした。大したものです。それほど資金力がなくても、不動産投資は成功するという良い例だと思います。

第3章

地方高利回り投資の特徴

──都内投資と比較して

1 投資目的からの検討（都内一棟と比較して）

地方高利回りの長所・短所を検討するには、都内の一棟と比較したほうがわかりやすいので、都内一棟と比較してお話しします。

地方は３０００万円のアパートを想定し、都内投資は2億円のＲＣを想定したうえで、比較していきます。

(1) 運用益

運用益は、収益不動産の主要な目的です。これは、通常、利回りという数字で表されます。

不動産投資は、投資である以上、手残り額すなわちＣＦ（この場合、税引き後の利益）が重要です。

当たり前のことですが、意外と、この点を重視していない方がいらっしゃいます。自己紹介する時に、投資総額でいくらとか、銀行融資でいくら引っ張っているとか、自慢げにお話しされる方がいらっしゃいます。私もそうですが（笑）。

しかし、本当は、ＣＦいくらですと自己紹介すべきなのです。私の場合は、４０００万円です。現在、大規模リフォームを行っている物件が成功すると５０００万円になる見込みです。

収益に関して、都内では1億円投資してＣＦが１００万円から１５０万円といわれています。これに対して、私の場合には地方に限ると、５００万円以上です。

ところで、地方の利回りが高いのは、「リスクが高いからそのリスクを反映して高利回りなのだ」とおっしゃる方もいます。この批判は、ある意味正しく、ある意味間違っています。

地方では、建物の値段は同じだとしても、土地値が安く、都内の10分の1以下、場合によっては、１００分の1以下の値段で買えます。すなわち、地方と都心との利回りの差は、その危険のリスク多寡でなく、土地値の多寡に起因しています。これに対して、家賃は、10分の1以下にまではなっていない場合がほとんどです。

この点が利回りの差の主因です。

ところで、利回りバカとか利回り星人とかいって高利回りを求める買手を茶化す不動産業者がいますが、それは、その高利回り物件を提供できない不動産業者の自らの力不足を笑うに等しいことです。投資である以上、より高収益を求めるのは当たり前のことですから。

つまり、不動産投資も投資である以上、運用益が重要です。

この点、地方では、利回り14％以上の不動産がゴロゴロしています。

一方、都内では、7％以下が当たり前です。入居付けが安定しているから都内は7％以下でも仕方ないと思われるかもしれません。

しかし仮に、満室でも7％以下では、都内といえども運用益を出すのは難しいでしょう。さらに、長期的に見た場合には、大規模修繕を勘案せざるを得ません。大規模修繕を勘案すると収益ゼロかまたは赤字になる可能性が高いのではないかと思われます。ましてや、5％以下では確実に赤字でしょう。

ただ、これらの物件を購入される方々は、運用益を期待していません。次の、転売益等を目的として購入されていると思われます。

(2) 転売益

大家の集まりで時々へこむことがあります。

都内投資を行っている方々が、「この間、手持ちのＲＣを売却したら、５０００万円利益が出たよ」などとおっしゃる時です。地方投資の場合には売却でそこまでの利益を出すのは難しく、また、一棟の運用益で５０００万円も出すとなると10年はかかるでしょう。

このような話を聞くと、私は自分の手法である地方一棟が失敗だったのでないかと思うことがあります。

しかし、それはそれでいいのです。都内投資で儲かった方は、リスクを踏んで、賭けに勝った方々だから、リターンも大きいのです。

ところで、一般に、地方投資のほうがリスクが高いと言われます。しかし私はそうは思いません。むしろ、都内投資のほうがリスクが高いはずです。

地方の場合、その物件の一生の運用益と転売益の比率は、運用益が８割で、転売益が２割ぐらいのイメージでしょう。一方都内投資は、その逆で運用益が２割、転売益が８割ぐらいではないでしょうか。

もともと運用益は、賃料が急激に上がったり下がったり、空室率がいきなり高まったりしないので、それほど変動しません。

これに対して、転売益は、運用益に比べて激しく変動します。

現在は、アベノミクス以降微妙に上がってきて安定しているように見えますが、転売益はもともと変動が大きい性質を持っています。

特に、１９９１年から１９９３年にかけてのバブル崩壊や、２００７年から２００９年にかけて起きたサブプライムショックの時の値落ちは激しかったと記憶しています。

この点を考えると、都内は運用益で２割、転売益で得る利益が８割ぐらいのイメージです。そして、その転売価格が大きく変動することを考えると都内のほうがリスクが大きいのです。変動の少ない運用益を主とする地方より、変動リスクが高い売却益によって立っている都内の方がリスクが高いのです。

もちろん、地方は人口減少が激しいのでマイナスに変化しますが、ゆっくりとしたスピードで減少し、かつ、当初から想定されていることですので、もはや、リスクとはいえません。

なお、地方投資では、転売益は少ないとの前提で申し上げましたが、私の場合15年前に購入した物件が、購入時の価格よりやや高めで売却可能です。

また、売却に際して、地方は難しいが、都内は容易だといわれることがあります。確かに、地方は融資が付きにくいので、売却も相対的に難しいのですが、都内一棟もスルガ問題以降は頭金を要求されるために、頭金として2〜3000万円が必要です。そしてこの額を用意できる人はわずかです。それほど、容易ではありません。

都内投資から地方投資へ移行　40代男性Sさん

経歴　東京生まれ。実家が資産家で、若くして都内のビルオーナーになり、その後、地方にも投資。現在、ベトナムと神奈川に拠点を置いて生活。

投資概要　渋谷一棟ビルの他、北関東に8棟所有。投資総額は4億5000万円。年間家賃収入は6500万円。年間CFは3600万円。

本人インタビュー

母の代に渋谷で取得した物件を商業ビルに建て替え、27歳から不動産を引き継ぎ事業展開をしていました。しかし、都内一棟は、RCなので減価償却費が長期にわたり、利益が出づらく、検討を重ねた結果、地方一棟にも軸足を置くべく、都内の一部を売却して、現金で北関東の物件を買い進めました。

地方高利回りは再現性が高く、現金がガンガン入ってくるイメージです。現在、この地方一棟からの収入の他に、米国株式投資と都内ビルの3本の収入で、好きなことをして生活しています。

中島コメント

Sさんは、都内の富裕層のご家庭に生まれ、渋谷の一等地に商業ビルを所有する資産家です。ただ、都内一棟といえども、資産性は高くても、運用益はそれほどありません。Sさんは、その点を考慮して都内の資産を一部地方に移し、運用益を出すことで成功されました。また、当初は、カフェの経営もされていたそうですが、現在は、不動産投資のみに切り替えて、自由な時間を謳歌されてます。現在のターゲットはベトナム不動産ですが、慎重に取り組まれているようです。

(3) 資産形成

特に都内投資で意識されることが多いと思われます。地方では、ゼロではないですが、資産形成の力はあまり見込めないでしょう。

不動産は、運用益や転売益で仮に利益を上げられなかったとしても、それでも都内投資では、価値がある場合があります。

つまり、自分や子どもの時代で、運用益や転売で利益を得られなかったとしても、孫やその子孫でまとまった資産としての価値が残れば、それでもいいという考え方です。目先の利益より、都内という限られた場所で代々にわたり不動産を購入し、資産を形成するわけです。

もちろんこれができるのは、一部の相当な資産家のみです。次元が異なるので解説しません（笑）。ただし、このような方も一定数存在します。

(4) 節税目的（相続対策を含む）

節税目的で不動産を購入する場合があり、それはそれで目的を達成できます。ただ、注意すべきは、いくら節税できても、運用益や転売益でマイナスとなり、全体的に結局損をする場合があるということです。よくよく考えて投資をすべきです。

(5) ステータス

都内投資をしているとやはり聞こえが良いです。悲しいですが事実です。「麻布で投資している」というのと、「茨城で投資している」というのでは、イメージが明らかに異なります。

また、都内投資は、必然的に規模が大きくなり、投資総額で平均20～40億円かかります。これも恰好が良いように思います。しかし、所詮は投資です。最終的にいくら儲かるのかの勝負です。

簡単にいうと地方は３０００万円の物件を高利回りで運用益を稼ぎ、出口は期待できません。都内は2～3億の物件をかつかつの運用益で稼ぎながら、出口の売却益でガバーッと稼ぐのです。

どちらが良いというわけでなく、それぞれ長所・短所があります。その長所・短所が自分に合っているか否かで判断すべきです。

現在、フルローンがなかなか認められない状況では、2000万円以下の年収の方には都内は難しく、2000万円以上ある方は、都内も視野に入れていいのではないでしょうか。

2 各ステージでの相違点

(1) 物件検索および購入段階

物件探しは、「楽待」さん等のサイトがあり、地方物件でも探すのには困りません。

なお、物件購入で重要なのは、地方投資はそれほどライバルが多くなく、いても、強敵ではないということです。

都内の場合には、業者が売り物件がないかジーッと鵜の目鷹の目で探しています。購入者も一定の資産家や高属性の投資家が多く、かつ、知識も厚い方々がライバルです。なかなか太刀打ちができません。

これに対して地方一棟の場合には、徐々に投資家が増えているといっても都会に比べればたかがしれているので、ライバルは少ないのです。また、アパート間の競争でも、地方の場合には、地主が相続対策で建てている場合が多く、投資の感覚が低いので、都内のような強力なライバルにはなりません。ストレートにいうと、のんびりしており、空室もそれほど気にせずに、また、設備投資も消極的です。また、サブリース系のアパートも多いのですが、当初の建築単価が高いために家賃を下げることができない方も多いイメージです。

いずれにしろ、都内と比較して強力なライバルが少ないはずです。

(2) 融資

問題の融資ですが、都内と地方ではそれぞれ一長一短があると思います。

金融機関の掟として、各々、エリアがあります。地方ではどうしてもエリア外として検討すらしてくれない金融機関も多いです。その点、ハードルが高いですが、日頃より、きちんと情報収集してタイミングを計れば、地方でも融資してくれる金融機関が必ずありますので、その金融機関を把握しておきましょう。

都内の場合には、融資してくれる金融機関は多いですが、2億円ともなると、まずその頭金を用意することは容易なことではありません。年収1000万円の高属性サラリーマンでも難しいでしょう。この意味で、地方のほうが融資のハードルが高いとはいえ、投資先としては現実的です。

(3) 管理

地方一棟について、「遠いので管理しにくいのでは…」と懸念される人もいます。

この批判に対しては、そもそも購入時はともかくとして、購入後に現地に行く必要性があるのか疑問です。私は購入後に満室にしたならば、あまり現地に行きません。

横須賀市にある物件は、満室なので3年間行ったことがありませんが、それでも何の問題もありません。問題があれば、住んでいる方から管理会社にすぐ連絡がいきます。大家自身が、見回り、管理することはいいことですが、見回らなければならないわけではありません。

まだ大家業を開始して間もない頃、自宅近くの戸建て賃貸で、借りていたデイケアの事業者が介護器具等放置して夜逃げするという事案がありました。管理会社が駆けつけた時には残置物だけがあり、ガランとしていたとのことです。この時、自宅から20分の距離にもかかわらず、私は駆けつけませんでした。

忙しかったこともありますが、大家がやれることは限られていると判断したからです。案の定、私が行かなくても、管理会社と保証会社がうまく対応してくれました。

その後も、いろいろなトラブルが発生しました。

現在まで、大家としては21年間生きてきました。その間、大半の事例は経験しました。台風被害、地震被害、大規模な水漏れ、夜逃げ、孤独死、自殺そして火災等のトラブルまで経験済みです。

いずれも私は現場に駆けつけたことはありません。管理会社や保証会社やリフォーム屋さんに依頼して処理していただいております。

ただ、保険の申請のために時間がたってから行くことはあります。また、運営している物件の近くに検討している新規物件がある場合にも、ついでに行くことがあります。

しかし、別に定期的に足を運ばなければならないわけではなく、また、急なトラブルが発生しても駆けつける必要性は低いのです。

さらに、大きなトラブルがあっても大家が必要とされる場合はそれほどないのです。管理会社と保証会社と保険会社と懇意にしているリフォーム会社があればたいていの問題は解決可能です。

なお、地方に物件を見に行く時は、私は車で出かけます。ただし、ラッシュに合わないよう配慮は必要です。ラッシュでイライラすると精神衛生上よろしくないからです。

そのため、朝5時頃自宅を出て、朝焼けの首都高を駆け抜け、また、帰りも早めに切り上げて3時頃には現地を離れます。そうするとラッシュに合わずに、快適に現地までの往復ができます。

⑷ リフォーム

地方だとリフォーム費用が高くつくと指摘される方がおられます。

第一の理由は、家賃の割には賃貸スペースが広く、そのために、相対的にリフォームにかかるコストが高くなるということ。第二に、地方は業者が少なく、競争原理が働かないために代金が高くなりがちということを理由としています。

第一の理由については、確かにその要素はあるでしょう。というのも、地方は賃貸スペースが広い＝修繕範囲も広くなるのは事実だからです。ただし、都内の賃借人は多少の値段差があっても設備の整った部屋を借りる傾向が高いのですが、地方ではどちらかというと家賃を重視している方が多く、設備は二次的な要素となります。よって、リフォームに多額の費用をかけ、高価な設備を入れる必要はありません。小ぎれいでも簡素な設備で足りる地方のほうが初期費用がかかりません。さらに、より重要な要素があります。地方ではプロパンガスが多く、プロパンガス屋さんは、いろいろとサービスをしてくれるのです。これは非常に大きな要素です。ただし、今後経済産業省の指導でサービスが減る可能性があります。

次に、第二の理由についてですが、果たしてそのとおりなのか疑義があります。職人の手間賃は、明らかに都内より地方のほうが安いといえます。また、地方といっても、10万人以上の規模の街であれば、相応に職人がいるし、また、場合によっては、北関東全域をカバーしている業者もいるので競争原理が働かないほど業者がいないとの指摘はあたらないはずです。

⑸ 手軽さ

なんといっても、都心で生活している皆さんの多くは、群馬、茨城、栃木、千葉や埼玉の奥地にはあまり行ったことがなく、物理的には手軽に行ける場所でも、心理的にはむしろ遠いのではないでしょうか。

これればかりは、何回か行ってみて肌で感じなければなりません。

ご参考まで『これでいいのか群馬県（日本の特別地域特別編集）』（マイクロマガジン社）などの〝これでいいのか〟シリーズで北関東全域について詳しく記載されており、地域のイメージをつかむことができます。

なお、通常の地方一棟投資の場合、現地には購入時に3度くらい行きますが、それ以外は、ほとんど必要はありません。ただし、廃屋の場合には、大規模リフォームが終了するまで何度も足を運ぶ必要があります。

(6) 出口

多くの金融機関はスルガ問題以降、属性が良くても頭金を2割から3割要求してきています。都内一棟投資も例外ではありません。都内投資でも、仮に、2億円の物件で、頭金2割とすると4000万円であり、それに諸経費8%の1600万円の合計5600万円が現金で必要になります。通常のサラリーマンでこれほどの現金を用意できる人はそういません。

また、仮に1棟目をなんとか購入できても、利回り5~7%の世界です。息ができない状態が続くのです。2棟目の資金を作るどころか、大きな修繕が発生したらアウトです。都内中心のあるメガ大家は、都内といえども、短期の運営はともかく、10年以上長期でマンションを運営すると利回り10%ないと維持できないと話されています。

手元に資金がない通常のサラリーマンでは、都内投資は難しいです。他の手法でやらざるを得ません。その中で有望なのが地方一棟投資なのです。

まず、地方投資で始めたのならば、地方投資で完結すればいいとも言えます。

私の場合、新たに購入する物件は、現金で購入します。そのために購入スピードが遅くなりますが、3000万円程度の物件ならば今後は現金で毎年1棟購入できます。さらに、これを続けると3年後には現金で毎年2棟購入できるようになり、加速度的に購入できる棟数が増えていきます。

一方、現在のローンは5年後に半分、10年後には1割以下になります。そうなるとほぼ借金ゼロの夢のような状態になります。怖いものなしです。完全に上がりです。

このように計算すると、現在購入総額は12億円ですが、平均余命の84歳まで40億円近くまで伸びます。借金がゼロです。ほぼリスクゼロの素晴らしい状態になるのです。

ただ問題は、その40億円近くの物件の出口があるかです。

地方物件を購入したい人は増えています。そして、その判断基準は利回りです。

私の場合は20年目に利回り18％前後で購入している物件が多く、それらの物件は、現時点でも利回り15％程度の物件として存在します。これらの物件を私が買ったときの値段で購入したいと言う買主希望者も多いです。

問題は融資です。エリアで切られることも多いのですが、地方は土地の値段が坪10万円前後であり、建物が経年劣化してくると積算価格が伸びないために高利回りといえども融資が付きにくくなっているのです。売却できなくても私は朽ちるまで持つ戦略ですのでそれはそれでいいのですが、先の40億円物件の半分ぐらいに融資が付かない可能性が生じます。そうすると出口のある売却できる資産としては20億円に近い状態になります。

これに対して、都内一棟は、建物が朽ちても土地の資産か高いために、築古となっても土地値の積算価格が残っており、買手が付くとともに銀行融資も可能となります。つまり出口があるのです。この点は、大きなことです。

ただし、都内一棟投資を行う場合には無借金で行うのはさすがに難しく、一定程度の借金を残しながら子どもたちに引き継ぐことになります。つまり、無借金のまま手取り2億円に40億円の半分の20億円の資産を残すか、運用益が減少し、借金もあるが都内の土地を資産して残すべきかの判断です。なお、都内投資の運用のためには、頭金を相当入れるとかの方法で借入額を押さえる方法が無難です。これらの購入物件の資産性と借金のバランスを慎重に考えて判断すべきです。

(7) 結論

以上を踏まえて検討すると、地方一棟で資金を作ったあとは、地方一棟を運用しつつも、加えて都内一棟にも打って出るのが有効な資産形成方法の一つとも考えられます。ただし、いずれにしろ始めは地方一棟で資金を作ることです。そのうえでの都内一棟だと思います。だからこそ『地方一棟投資のススメ』なのです。

3 地方一棟RC

地方一棟の中でもRC物件は、特別の配慮が必要です。

地方といえども、固定資産税評価額は建物に関しては都内と同じ評価であり、木造や軽量鉄骨造に比べて高額です。

その固定資産税評価額が高額であるがゆえに積算価格が高く、また、法定耐用年数が長いことと相まって地方でも築30年程度のＲＣにも融資が付きやすいので、購入しやすいのです。

ただ、次の二つの問題があります。

一つは運用益です。運用益が出にくいのです。ＲＣとなるともともと購入時の利回りが低い場合が多く、また、修理費が高額になる傾向にあります。さらに、階数が多いとエレベーターがあり、これに非常にコストがかかるのです。そして、最後に高額の固定資産税を払うことにより、運用益が出にくい構造なのです。細々と運用益を上げていても、最後に固定資産税でドカンと持っていかれるイメージです。

また、売却時にも問題があります。

土地と建物の比率の問題です。前述のとおり、地方といえども、建物の固定資産税評価額は、都内と同じです。土地値が安くてもＲＣであれば相当の積算価格が出るのです。

購入時は、多額の融資が付きます。しかし、建物の評価は、年数がたつに従いドンドン減っていきます。

土地値の割合の少ない地方にあっては、固定資産税評価額の減少の割合が都心に比べて早いのです。そうなると購入時には、固定資産税評価額が高くても、売却時には評価額が激減しており、買主に融資が付かないことも想定されます。この点、注意が必要です。

50歳から不動産投資開始、地方RC光速投資から変更　60代男性Yさん

経歴　サラリーマンとして勤務しながら地方RC物件をフルローンで購入し続ける（光速投資手法）。その後、通常の地方投資に方向転換。退職して現在に至る。

投資概要　地方一棟物件を7棟、戸建てを1棟。投資総額は6億円。年間家賃収入は9200万円。年間CFは2000万円。

本人インタビュー

サラリーマンの収入に頼っているだけでは将来不安がありました。多くの不動産投資セミナーに参加し、当時サラリーマンで一番早く引退するには、光速投資といって、RC物件をフルローンで3億円分ほど購入し続ければリタイアできると言われていました。購入する基準としては、積算価格が融資金額以上あれば、満額融資が出ていました。立地は入

居者がいればどこでも構いませんが、中核都市で新幹線で行けるところとしていました。本当は都会で物件を購入したかったのですが無理でした。自分は地方出身なので、地方という立地にこだわりはなく、十分な収益が見込めればＯＫです。

１棟目は福島にＲＣ物件を購入しました。ＲＣは投資枠を広げるには有利でしたが、税金等のランニングコストが高いため、木造・軽量鉄骨のほうがお金が残ります。

そこで、方針転換して、山梨の木造12室、18・5％の物件を購入しました。現在も、地方一棟を買い進めてます。

中島コメント

Ｙさんは出版社で編集長を務められたことのあるベテランサラリーマン投資家さんです。高属性で、さらりと４～５億円の融資枠があるとおっしゃられています。当初、当時流行した光速投資の手法でＲＣマンションを購入されています。その手法のポイントは、ＲＣは地方といえども、高積算であり、担保価値が高いことです。その担保価値を利用して次々と購入していくのです。ただ、この手法の弱点は、前述のとおりです。ＲＣは、ランニングコストがかかりあまり儲けられないこと。さらに、地方のＲＣですと、上物の価値は高いですが、土地の価値が低いために、時間の経過とともに上物の評価はドンドン下がっていき、それを補うほどの土地値がないために、土地建物双方の積算額の低下が激しいということです。長期的なスパンで見ると危うい投資手法です。

なお、Ｙさんとは今後、相続対策について、共に勉強していければと思っています。

4 物件のシミュレーション

以上、地方一棟を中心としていくつかの投資手法を検討しましたが、それぞれ一長一短があります。最終的には、そのアパートの一生のシミュレーションをして判断することが必要です。「楽待」さんの各物件ごとのシミュレーションが非常に役立ちます。

ここで、私のシミュレーションの例を記載します。私は途中で転売せずに朽ちるまで持つことを前提にシミュレーションをしています。皆さんもまず、転売をしなかった場合のシミュレーションを基本として、それに加えて途中で転売するのであれば、その旨のシミュレーションも何パターンかしておくべきです。私の転売をしない場合のシミュレーションは次のとおりです。

第3章

ローン	返済比率	修繕費・保険等の経費15%	固定資産税/取得税	大規模修繕/購入時諸費用	各年利益	累計利益
1,529,784	34.7%	615,195	923,400	2,520,000	-1,692,144	-1,692,144
1,529,784	35.0%	609,043	422,000		1,296,446	-395,698
1,529,784	35.4%	602,953	422,000		1,263,963	868,265
1,529,784	35.8%	596,923	422,000		1,231,806	2,100,071
1,529,784	36.1%	590,954	422,000	5,000,000	-3,800,030	-1,699,959
1,529,784	36.5%	585,044	422,000		1,168,452	-531,507
1,529,784	36.8%	579,194	422,000		1,137,250	605,743
1,529,784	37.2%	573,402	422,000		1,106,360	1,712,103
1,529,784	37.6%	567,668	422,000		1,075,778	2,787,881
1,529,784	38.0%	561,991	422,000		1,045,503	3,833,384
1,529,784	38.4%	556,371	422,000		1,015,530	4,848,913
1,529,784	38.7%	550,808	422,000		985,857	5,834,770
1,529,784	39.1%	545,300	422,000		956,480	6,791,250
1,529,784	39.5%	539,847	422,000		927,398	7,718,648
1,529,784	39.9%	534,448	422,000		898,606	8,617,254
1,529,784	40.3%	529,104	422,000		870,102	9,487,355
1,529,784	40.7%	523,813	422,000		841,883	10,329,238
1,529,784	41.2%	518,574	422,000		813,946	11,143,185
1,529,784	41.6%	513,389	422,000		786,289	11,929,474
1,529,784	42.0%	508,255	422,000		758,908	12,688,382
	0.0%	503,172	422,000		2,261,585	14,949,968

本庄（本体3150万14%・頭金630万円・ローン2520万円20年 2%）
40歳で開始の場合

投資年数	築年数	西暦	自分年齢	長女年齢	満室年家賃	利回り	93%入居	入居率	管理費5%
1年目	28年	2023年	40歳	10歳	4,410,000	14.0%	4,101,300	93%	205,065
2年目	29年	2024年	41歳	11歳	4,365,900	13.9%	4,060,287	93%	203,014
3年目	30年	2025年	42歳	12歳	4,322,241	13.7%	4,019,684	93%	200,984
4年目	31年	2026年	43歳	13歳	4,279,019	13.6%	3,979,487	93%	198,974
5年目	32年	2027年	44歳	14歳	4,236,228	13.4%	3,939,692	93%	196,985
6年目	33年	2028年	45歳	15歳	4,193,866	13.3%	3,900,295	93%	195,015
7年目	34年	2029年	46歳	16歳	4,151,927	13.2%	3,861,293	93%	193,065
8年目	35年	2030年	47歳	17歳	4,110,408	13.0%	3,822,680	93%	191,134
9年目	36年	2031年	48歳	18歳	4,069,304	12.9%	3,784,453	93%	189,223
10年目	37年	2032年	49歳	19歳	4,028,611	12.8%	3,746,608	93%	187,330
11年目	38年	2033年	50歳	20歳	3,988,325	12.7%	3,709,142	93%	185,457
12年目	39年	2034年	51歳	21歳	3,948,442	12.5%	3,672,051	93%	183,603
13年目	40年	2035年	52歳	22歳	3,908,957	12.4%	3,635,330	93%	181,767
14年目	41年	2036年	53歳	23歳	3,869,868	12.3%	3,598,977	93%	179,949
15年目	42年	2037年	54歳	24歳	3,831,169	12.2%	3,562,987	93%	178,149
16年目	43年	2038年	55歳	25歳	3,792,857	12.0%	3,527,357	93%	176,368
17年目	44年	2039年	56歳	26歳	3,754,929	11.9%	3,492,084	93%	174,604
18年目	45年	2040年	57歳	27歳	3,717,379	11.8%	3,457,163	93%	172,858
19年目	46年	2041年	58歳	28歳	3,680,206	11.7%	3,422,591	93%	171,130
20年目	47年	2042年	59歳	29歳	3,643,404	11.6%	3,388,365	93%	169,418
21年目	48年	2043年	60歳	30歳	3,606,970	11.5%	3,354,482	93%	167,724

ローン	返済比率	修繕費・保険等の経費15%	固定資産税/取得税	大規模修繕/購入時諸費用	各年利益	累計利益
	0.0%	498,141	422,000		2,234,750	17,184,717
	0.0%	493,159	422,000		2,208,182	19,392,899
	0.0%	488,228	422,000		2,181,880	21,574,779
	0.0%	483,345	422,000	5,000,000	-2,844,159	18,730,621
	0.0%	478,512	422,000		2,130,063	20,860,684
	0.0%	473,727	422,000		2,104,542	22,965,226
	0.0%	468,989	422,000		2,079,277	25,044,503
	0.0%	464,300	422,000		2,054,264	27,098,767
	0.0%	459,657	422,000		2,029,502	29,128,269
	0.0%	455,060	422,000		2,004,987	31,133,255
	0.0%	450,509	422,000		1,980,717	33,113,972
	0.0%	446,004	422,000		1,956,689	35,070,661
	0.0%	441,544	422,000		1,932,903	37,003,564
	0.0%	437,129	422,000	5,000,000	-3,090,646	33,912,917
	0.0%	432,758	422,000		1,886,040	35,798,958
	0.0%	428,430	422,000		1,862,960	37,661,917
	0.0%	424,146	422,000		1,840,110	39,502,027
	0.0%	419,904	422,000		1,817,489	41,319,516
	0.0%	415,705	422,000		1,795,094	43,114,610
	0.0%	411,548	422,000		1,772,923	44,887,533
	0.0%	407,433	422,000		1,750,974	46,638,507
	0.0%	403,358	422,000		1,729,244	48,367,751

投資年数	築年数	西暦	自分年齢	長女年齢	満室年家賃	利回り	93%入居	入居率	管理費5%
22年目	49年	2044年	61歳	31歳	3,570,900	11.3%	3,320,937	93%	166,047
23年目	50年	2045年	62歳	32歳	3,535,191	11.2%	3,287,728	93%	164,386
24年目	51年	2046年	63歳	33歳	3,499,839	11.1%	3,254,850	93%	162,743
25年目	52年	2047年	64歳	34歳	3,464,841	11.0%	3,222,302	93%	161,115
26年目	53年	2048年	65歳	35歳	3,430,192	10.9%	3,190,079	93%	159,504
27年目	54年	2049年	66歳	36歳	3,395,890	10.8%	3,158,178	93%	157,909
28年目	55年	2050年	67歳	37歳	3,361,931	10.7%	3,126,596	93%	156,330
29年目	56年	2051年	68歳	38歳	3,328,312	10.6%	3,095,330	93%	154,767
30年目	57年	2052年	69歳	39歳	3,295,029	10.5%	3,064,377	93%	153,219
31年目	58年	2053年	70歳	40歳	3,262,079	10.4%	3,033,733	93%	151,687
32年目	59年	2054年	71歳	41歳	3,229,458	10.3%	3,003,396	93%	150,170
33年目	60年	2055年	72歳	42歳	3,197,163	10.1%	2,973,362	93%	148,668
34年目	61年	2056年	73歳	43歳	3,165,192	10.0%	2,943,628	93%	147,181
35年目	62年	2057年	74歳	44歳	3,133,540	9.9%	2,914,192	93%	145,710
36年目	63年	2058年	75歳	45歳	3,102,204	9.8%	2,885,050	93%	144,253
37年目	64年	2059年	76歳	46歳	3,071,182	9.7%	2,856,200	93%	142,810
38年目	65年	2060年	77歳	47歳	3,040,470	9.7%	2,827,638	93%	141,382
39年目	66年	2061年	78歳	48歳	3,010,066	9.6%	2,799,361	93%	139,968
40年目	67年	2062年	79歳	49歳	2,979,965	9.5%	2,771,368	93%	138,568
41年目	68年	2063年	80歳	50歳	2,950,165	9.4%	2,743,654	93%	137,183
42年目	69年	2064年	81歳	51歳	2,920,664	9.3%	2,716,217	93%	135,811
43年目	70年	2065年	82歳	52歳	2,891,457	9.2%	2,689,055	93%	134,453

ローン	返済比率	修繕費・保険等の経費15%	固定資産税/取得税	大規模修繕/購入時諸費用	各年利益	累計利益
	0.0%	399,325	422,000		1,707,732	50,075,483
	0.0%	395,331	422,000	5,000,000	-3,313,566	46,761,917
	0.0%	391,378	422,000		1,665,350	48,427,267
	0.0%	387,464	422,000		1,644,477	50,071,744
	0.0%	383,590	422,000		1,623,812	51,695,556
	0.0%	379,754	422,000		1,603,354	53,298,909
	0.0%	375,956	422,000		1,583,100	54,882,009
	0.0%	372,197	422,000		1,563,049	56,445,058
	0.0%	368,475	422,000		1,543,199	57,988,257
	0.0%	364,790	422,000		1,523,547	59,511,804

❼家賃は毎年1%減少すると仮定した（現実にはそれほど減少しないと思われる。また、今後は、インフレで多少上がることも想定されるが、通常のシュミレーションに従った）。

❽管理費は実家賃の5%/修繕費その他の経費で実家賃の15%とした。築浅だと5%程度で足りる。物件によっては30%かかるのもある。

❾固定資産税は、変動するのが普通ですが、将来を読めないので購入時の額で一律で計算しました。

❿解体費は、重量鉄骨の相場である坪4万円で計算しました。

⓫所得税は、他の収入との関係があるので勘案していない。なお、一般に、築古物件だと、減価償却費が大きくとれる場合が多いので所得は低くなる場合が多い。

本庄にある物件のシミュレーション　（著者作成）

投資年数	築年数	西暦	自分年齢	長女年齢	満室年家賃	利回り	93%入居	入居率	管理費5%
44年目	71年	2066年	83歳	53歳	2,862,543	9.1%	2,662,165	93%	133,108
45年目	72年	2067年	84歳	54歳	2,833,917	9.0%	2,635,543	93%	131,777
46年目	73年	2068年	85歳	55歳	2,805,578	8.9%	2,609,188	93%	130,459
47年目	74年	2069年	86歳	56歳	2,777,522	8.8%	2,583,096	93%	129,155
48年目	75年	2070年	87歳	57歳	2,749,747	8.7%	2,557,265	93%	127,863
49年目	76年	2071年	88歳	58歳	2,722,250	8.6%	2,531,692	93%	126,585
50年目	77年	2072年	89歳	59歳	2,695,027	8.6%	2,506,375	93%	125,319
51年目	78年	2073年	90歳	60歳	2,668,077	8.5%	2,481,311	93%	124,066
52年目	79年	2074年	91歳	61歳	2,641,396	8.4%	2,456,498	93%	122,825
53年目	80年	2075年	92歳	62歳	2,614,982	8.3%	2,431,933	93%	121,597

	土地代路線価	運用益	初期費用	解体費	生涯利益
築60年持ったとして	21,560,000	35,070,661	6,300,000	8,270,000	42,060,661
築70年持ったとして	21,560,000	48,367,751	6,300,000	8,270,000	55,357,751
築80年持ったとして	21,560,000	59,511,804	6,300,000	8,270,000	66,501,804

❶3150万円/利回り14%/重量鉄骨/築28年の物件の一生の利益をシュミレーションしたもの。

❷築60年まで運用し、その後自費で解体して、更地で売却する想定です。売却時の土地の値段は、路線価や固定資産税評価額が33年後も同じで、その額と想定した（異論もあろうが誰もわからない）。

❸頭金2割630万円/8割がローンで2520万円（2%　20年）で購入。　購入諸費用8%で252万円（表内で計算すみ）。

❹築60年、築70年そして築80年の3段階でシュミレーションした。

❺長期的な視野が必要なので、自分の年齢の他、お子様がおられたらお子様の年齢。

❻通常は、入居率90%で計算する場合が多いが、93%入居で計算した。私はだいたい93%が多いので。

結論、この物件の場合、築80年持って6600万円の利益を得ることになります。

購入時には手がかかったとしても、それ以後は、ほとんど手をかけることなく、年125万円を得ることができるとのシミュレーション結果です。もちろん、一定程度のリスクを負っており、この額が多いのか少ないのかは各自のご判断となります。

ただ、このようなシミュレーションをせずに、購入するのはあまりにも愚かなことです。

第4章

購入

1 購入の各ステップ

(1) 投資スタンスの確立

まず、投資のスタンスを確立することが大切です。

もちろん、途中で修正することは可能ですが、自分がやりたいこと・優先事項を決めないと先には進めないからです。私の場合は、場所や手法を問わず、利回り最重視の投資手法にしました。そうすると、結果的に地方一棟投資になりました。

(2) 自己資金のための貯蓄

不動産を購入するに際しては、通常自己資金が必要になります。購入諸費用として物件価格の８％、購入代金の一部として、物件価格の10％が必要になります。合わせて物件価格の18％相当の自己資金が、通常必要になっているのです。ただし、絶対ではありません。

全く自己資金が必要でない場合もありますし、フルローンやオーバーローンの場合もあります。いずれにしろ、頭金があるに越したことはありません。

後で述べる投資モデルでは、８４０万円の預金があることを前提としていますが、必ず８４０万円以上の預金が必要というわけではありません。属性（銀行のその人の経済的評価）や物件の担保価値によっては、ほとんど現金が必要ない場合もあります。しかし、何千万円もする物件を購入するつもりであれば、８４０万円程度の預金はしておくべきです。

常日頃より節約に努め、購入後も預金をしましょう。

我が家は共働きでしたが、私の収入だけで生活して、妻の収入は、すべて預金やローンの前倒し返済に充てていました。実質毎年３００万円から４００万円預金していたことになります。ちなみに、投資モデルではさらに、毎年２００万円の預金をすることを前提にしています。

(3) 地方一棟投資モデル

次に地方一棟投資のモデルについて具体的な数字をあげながらご紹介します。地方一棟投資を行ううえでの目安になります。ただ、多くの塾生は、このモデルよりも早く、CF1000万円を達成しています。

あくまで標準的なモデルとして考えてください。

当初自己資金840万円で、毎年200万円を本業で貯金し、利回り14％の3000万円の物件を購入し続け、11年間でCF1000万円を達成します。さらには、資金に余裕ができたら14％の6000万円の物件を購入し、16年目にCF2000万円を達成します。

最初の一棟を購入したら、頭金を貯めるために3年間は次の一棟を購入できないと仮定していますが、頭金がより多くあったり、フルローンがつけば、さらなるスピードアップが可能です。なお、モデルにはCF2000万円を達成するまでしか記載していませんが、これを継続していくと、開始年齢にもよりますが、投資総額は40億円以上、CFは軽く1億円は突破するでしょう。不動産投資の魅力は、投資総額が増えるに従い、指数関数的に大きくなる点です。皆さん、ご家族が寝られた深夜この計算をしてください。きっと、興奮して眠れなくなるでしょう。年齢が高くなればなるほどCFが増加していくため、新たに投入できる額が飛躍的に増加するのです。

11年間で CF1000万円/16年目にCF2000万円を目指す方法/3000万円14%

		新規物件（期初に購入したとして）	所有物件価格格	満室家賃利回り	空室控除後入居率	管理費控除後	修繕費控除後	固定資産税	ローン額	取得税	期末のCF	その年の預金	前年残り額	新規物件購入可能資金	年当初購入（頭金・諸経費）	年末預金
	標準		3,000	14%	0.90	0.05	0.15	20万円	2%20年8割			開始前年度の840万円は預金しており それで1棟購入（1棟目の頭金）				
	アパートのCF											アパート購入資金（1棟で現金840万円）				
1年目	1棟目（前年の預金840万円を頭金と諸経費として）	3,000	3,000	420	378	359	305	20	145	100	40	200	0	240		240
2年目			3,000	420	378	359	305	20	145		140	200	240	580	2棟目の頭金	580
3年目			3,000	420	378	359	305	20	145		140	200	580	921	840	81
4年目	2棟目	3,000	6,000	840	756	718	610	40	290	100	180	200	81	461	3棟目の頭金	461
5年目			6,000	840	756	718	610	40	290		280	200	461	942	840	102
6年目	3棟目	3,000	9,000	1,260	1,134	1,077	916	60	435	100	321	200	102	622	840	-218
7年目	4棟目	3,000	12,000	1,680	1,512	1,436	1,221	80	580	100	461	200	-218	443	840	-397
8年目	5棟目	3,000	15,000	2,100	1,890	1,796	1,526	100	725	100	601	200	-397	404	840	-436
9年目	6棟目	3,000	18,000	2,520	2,268	2,155	1,831	120	870	100	741	200	-436	506	840	-334
10年目	7棟目	3,000	21,000	2,940	2,646	2,514	2,137	140	1,015	100	882	200	-334	748	840	-92
11年目	8棟目	3,000	24,000	3,360	3,024	2,873	2,442	160	1,160	100	1,022	200	-92	1,129	840	289
12年目	9棟目	3,000	27,000	3,780	3,402	3,232	2,747	180	1,305	100	1,162	200	289	1,652	840	812
13年目	10棟目	3,000	30,000	4,200	3,780	3,591	3,052	220	1,450	100	1,282	200	812	2,294	840	1,454
14年目	11～12棟目	6,000	36,000	5,040	4,536	4,309	3,663	260	1,740	200	1,463	200	1,454	3,117	1,680	1,437
15年目	13～14棟目	6,000	42,000	5,880	5,292	5,027	4,273	300	2,030	200	1,743	200	1,437	3,380	1,680	1,700
16年目	15～16棟目	6,000	48,000	6,720	6,048	5,746	4,884	340	2,320	200	2,024	200	1,700	3,924	1,680	2,24

❶投資開始前に840万円の預金をして、その後、毎年アパート収入以外に200万円預金する。
※840万円の預金がなくても購入額を1000万円や2000万円に落とすか、フルローンを狙うなどの方法があるのであきらめない。
※毎年200万円も預金できなくても、100万円でもいいので預金する。モデルより時間がかかるが、達成できる。

❷3000万円利回り14%の物件を毎年購入（14年目以降は3000万円の物件を2棟）する。
※現実にはこのように3000万円14%でそろえることはできない。あくまでもモデル。16%や18%に巡り合えることもできる。
※3000万円利回り14%の物件から毎年240万円のCF(各初年度は取得税100万円のため)

❸3000万円＋諸経費240万円＝3240万円　うちローンが物件価格の8割りの2400万円　購入時840万円の現金が必要。ローンは、2%　20年。

❹1年目はとにかく早めに着手する。不動産投資は年齢が大きい要素になります。ただし、慌てない、ダメ物件を掴ませられないように。

❺2年目から6年目までは、ある意味、がむしゃらに購入する。もちろん、ダメ物件は避ける。

❻7年目以降は落ち着いて各自の戦略に従って投資する。

❼見ていただければわかるが、指数関数的に大きくなっている。これを40年近くやると当然購入額が10億を超えていくと思われます。
各自ご自身の年齢と預金額及び毎年の預金可能額を基準に計算してみてください。購入額は40億、50億も夢ではない。

❽なお、モデルの3棟から7棟は赤字になるが、誤差の範囲であり、購入額を調整して乗り越える。

❾所得税は、他の収入との関係があるので勘案していない。なお、一般に、築古物件だと、減価償却費が大きくとれる場合が多いので所得は低くなる場合が多い。

地方一棟投資のモデル　（著者作成）

モデルより速くスピード達成　男性Oさん

経歴　外資系サラリーマンで属性は良く、不動産会社の勧める区分マンションを購入したが、儲けることができないことに気付き、地方一棟投資を開始。若い頃から経営を経験したく、2017年9月に1棟目を購入してサラリーマンを辞めるまでの3年間で17棟（150室）を購入。退職後、不動産会社を設立。

投資概要　投資総額は約7億円。年間満室家賃収入は7000万円。年間CFは2500万円。

本人インタビュー

区分マンションで失敗したと思い、しっかりと利益の出る手法として地方一棟を検討し始めました。これは良いと思った物件を中島さんに相談しましたが、止められました。その時は、正直納得できませんでしたが、経験を積んだ後から考えると購入しなくてよかったと心底思いました。やはり、先達のアドバイスは重要だと認識しました。ただ、私は利回りの高さでだけでなく、多少利回りが低くても積算が良い物件を購入し、その後の融資を有利にしたいと考えています。つまり、キャッシュが回り返済比率が50％程度で収められれば、利回りよりも今後融資が付くかを重視しているのです。

ところで、私は、昔から自ら起業をすることを目指していました。起業する対象は多いですが、その事業をするために多額の借り入れができるのは不動産投資しかなく、成功率が高いのも不動産投資だと思っています。このことから、高属性の方はその属性を最大限に生かし、不動産投資で収入の柱を作るべきだと考えています。私自身、不動産投資で人生が変わりました。人にコントロールされることがなくなり、今が一番幸せです。今後は、今の会社をどのくらいまで大きくできるのかチャレンジしたいですね。

中島コメント

Oさんは、その知識と行動力により、ほぼ知識がない状況から、地方物件をガンガン買い進め、脱サラし、専業大家になるやいなや、宅建免許を取得し、不動産業を展開しています。塾では、不動産投資で成功し脱サラする人は珍しくありませんが、その中でも最もスピーディーに知識を身に付け、かつ短期間に脱サラを達成されました。さらに、不動産業者にまでなって手堅く事業を拡大されています。その特筆すべき行動力の他に、知識もあり、特に、融資についての知識が深く、今では、私も時々融資について相談するぐらいです。もともと独立心が高いOさんは、今も嬉々として不動産投資にいそしんでいます。どこまで大きくなるのか楽しみです。さらなる成功を期待しています。

2 良い物件を見つける方法

(1) ネットは重要

まずは、「楽待」さん等で検索することが重要です。

私の所有する物件の多くは、ネット検索で出てきたものを購入したものです。

よく、ネットに出ている物件は、良い物件はないのではないかとおっしゃられる方がいます。しかし、そんなことはありません。現在私が所有している利回り84％（実質32％）の茨城の物件も、館林（20・44％）も太田（21・3％）の物件も、その他多くの物件も「楽待」さんで検索したものです。

なお、希望の物件が出た時にメールが来るよう登録をしておくことも有効です。

単に物件概要書の数字だけでなく、問い合わせて、どのくらい前から出ているのかを確認します。また、指値ができるのかどうかで、利回りは全然違っていきますので、ちょっといいなと思ったら、とにかく不動産屋さんに連絡し、今まで買い付け（購入の申し込み）が入っているか、指値ができるのか等を問い合わせる必要があります。ただ、最近は、売り手市場なので、指値は、かつて程できません（ゼロではありません）。

ネットに出ていない不動産屋さんの隠し玉的な物件も多くあるとのことですが、私は、今までに、そのような物件の紹介を受けたことがありません。ただし、地元の有力者による紹介はありました。最近では、司法書士さんによる紹介も続きました。ただし、あくまでも例外です。

ネットを侮ることなく、これを手がかりにまめに情報収集に努めることが大切です。

また、ネットで問い合わせすることにより、不動産屋さんと接触できることが大事です。

(2) 不動産屋さんの営業に信頼される

良い物件を見つけるためには、不動産屋の営業担当者に信頼されることが大事です。信頼を得るためには次の八つのポイントがあります。

❶営業担当との信頼関係

ネットで不動産屋さんに問い合わせをした物件を内見して、特定の不動産屋さんと知り合いになります。それを何回か繰り返すうちに信頼できる担当者に出会えます。私の場合は、富士企画の新川さんでした。

最初の1棟の購入で、信頼関係が生まれます。1棟購入するだけでも、いろいろなドラマがありますので、共にこれを乗り越えて物件の決済までいく過程で信頼関係が生まれるのです。まれに、不信の塊の状態で、決済を終わらせる担当者もいるにはいましたが。

不動産屋の営業の方と信頼関係が築ければ、不動産情報ネットワークの「レインズ（REINS）」に出たばかりの物件の情報をすぐに教えてもらえます。なお、レインズでいい物件が出れば、まず、仲介の会社同士の競争になります。そして、同じ会社内でも、いい情報が入れば、各担当者間の競争になります。そして、各担当者の頭の中では、自分の顧客の顔がぐるぐる回るでしょう。その中で、最も信頼できる顧客にまず電話を入れるのです。その信頼される顧客になることがいい物件と出合える確率を高める方法です。

❷信頼の基準

では、何を基準に信頼できる顧客となるのでしょうか。私を信頼して次々と物件を紹介してくれた新川さんに尋ねたところ、私の人柄がいいことは別にして（笑）、次の5点が理由だったとのことです。不動産屋さんの本音を知るヒントとなります。

(ア) 希望する物件が明確であること
(イ) 属性がいいこと（融資が出そうな人間だと思われたこと）
(ウ) 付き合いがいいこと（いい物件が出たら、すぐ見に行くこと）
(エ) 物件を何棟も購入すること
(オ) ネットで他社が出している物件であっても、新川さんに内見できるか、まず話を持っていったこと

❸対象物件が明確であること

私の希望はきわめて、シンプルでした。

「利回りが高ければどこでもいい」

とても明確かつ選別しやすい基準です。

❹属性

不動産屋さんは、まず、属性を見るのです。なぜ属性を気にするかというと、属性がいい人は、融資が付きやすいからです。そもそも、現金で買う等の特別な場合を除き、不動産売買は融資がつかなければ元も子もありません。当たり前といえば当たり前のことです。

契約して、融資が付いて、決済して初めて不動産屋さんは収入になるのです。どんなに契約をうまくまとめても、融資が付かなければそれまでです。そこまでの行為は、無価値なのです。よって、当然、融資が付く人、すなわち、属性のいい人を選ぶのは、当たり前なのです。合理的な判断です。

ところで、この属性という単語、身分制的ないい方であり、あまりいい印象はありません。私は、脱サラ前は〝属性が良い人〟であり、脱サラ後は、〝属性が悪い人〟でした。

両方経験しましたが、この言い方には、戸惑いもありました。しかし今では、金融機関の独自の評価であり、客観的な評価でないとの前提で使っています。

しかし、金融機関の独自の評価である属性の悪い人は、全く、不動産営業担当から信頼されないのでしょうか。

そうではありません。属性が悪くても、融資が付くと判断してもらえれば、問題ないのです。属性が悪いから信頼できないのでなく、融資が付かない可能性が高いので信頼されないのです。ですから、属性が悪くても融資を引っ張ってこれるとの心証を営業担当の方に持ってもらえば信頼関係が築けるのです。

では、どうやってその心証を形成してもらえるのでしょうか。

金融機関での融資をどのくらい引けるのかを大まかでも事前に把握しておくことです。銀行が無理ならば、公庫（日本政策金融公庫）でいくら借り入れできるかを把握しておくことです。それには、一度審査をしてもらっておくに越したことはありません。

その一度目の審査で、融資が決まり、決済もできれば問題ありません。しかし、2番手だったり、現金客が先に購入したり、購入者の評価はよいが、物件の評価が低い等の理由でダメになった場合も次につなげることができます。とにかく、まずはやってみるのです。

そして、その物件がダメでも、金融機関の担当者から次は大丈夫との確約を取れれば、最高です。そうでなくても、今後、融資できるかどうかある程度の心証を形成できるので、このことを営業担当の方に伝えるのです。これにより、あなたも、その担当者の名簿に載ることができるのです。

なお、仮に、その段階で、融資がほぼ無理との判断でも、落ち込むことはありません。投資手法を代えればいいだけです。コツコツと500万円程度の現金を貯めて、地方一棟のアパートでなく、地方の戸建一棟を現金で購入するのです。これを積み重ねれば、金融機関の信用も得られ、いずれ道が開けます。

低属性を乗り越えて不動産投資拡大後、海外へ進出　M夫妻

経歴　夫婦で飲食事業を都内大森駅前で開始。千葉県柏市の中古の戸建てを250万円で購入し、100万円をかけて再生したのが始まり。飲食店は3店舗まで増えたが、法人ごと譲渡し、妻が学生の頃から行っていたネット販売の売り上げなども資金として地方一棟物件を購入。

投資概要　地方一棟物件を6棟、戸建てを8棟所有。投資総額は6億円。年間家賃収入は6000万円。年間CFは2400万円。

本人インタビュー

まず、戸建てを購入したのが始まりです。その後、その戸建てを共同担保として融資が下り、アパートをフルローンで購入。その後いくつかの空室物件を購入しました。これらの物件を満室にすることにより不動産会社との信頼関係が生まれ、さらに利回り30％程の物件を紹介してくれるようになりました。

それまでは、地方での物件でしたが、都市の郊外でも一戸建ての再生とファミリー区分を購入しました。地方での行き来が大変になったのが一つの理由ですが、郊外での物件も利回りの良いものがあり、賃料も高く、資産価値もあり魅力だったため、購入しました。その後、東京での融資情勢が変わり、大阪のほうが融資が盛んになったためそちらに移住しました。この間、妻のほうが積極的でアグレッシブでした。

一連の夫婦での行動により、情熱も伝わり銀行や仲介さんにもよく思われるようになったのではないでしょうか。

現在は、ある程度資金が貯まったので、海外不動産購入に向けて動き出しています。より人生を豊かにするために、次の人生のステップに挑んでいるのです。ただ、最近、宅建業の免許も取得しており、日本での事業内容も組み替えて見直している最中です。

中島コメント

Mさんと出会ったのは、10年くらい前です。不動産投資のポイントはいかに金融機関から融資を引っ張り出すかです。この点、Mさんは立ち飲み屋のオーナーでした。繁盛されていたので社会的には普通のサラリーマンよりはリッチです。しかし、金融機関的には低評価で低属性です。融資が難しい方でした。

私はそのような方には、まず、戸建てを現金で購入するように勧めています。戸建て賃貸を足掛かりとして、大家としての実績や信用を築き、これを金融機関が評価してくれるようになり、いずれ融資が付くようになるからです。Mさんもそのアドバイスに従い、まずは戸建てを購入しました。そして、その後は、私のもくろみどおりに融資が付きはじめ、あれよあれよという間に次々と一棟アパートを購入されていきました。特に、Mさんにとって幸運だったのは、奥様に商才があり、ネット販売の事業で利益を上げ、その支援があったことも大きかったのです。

ただ、スルガ問題以降、全体的に、融資が厳しくなってきました。その事態に対して、驚くべきことにMさんご夫婦は、融資が付きやすいとの理由でなんと大阪に引っ越しされたのです。

さらに、しばらくして、今度は海外に次のターゲットを定め頻繁に現地視察へ行かれています。驚くほどアグレッシブなお2人です。ちなみに、以前、私の自宅に大きなバイクで来られたことがあります

私は、よくその2人乗りの姿を思い浮かべます。本当に仲の良いお2人です。

❺すぐ動く（付き合いがいい）

属性がよくてもそれだけでは信頼関係は、生まれません。

不動産営業担当は、前述のとおり、いい物件が出たら社の内外の他の営業との競争状態に置かれるのです。いい物件であればあるだけ、時間との勝負となります。

そのような営業担当の置かれている立場からいって、営業担当とともに即行で動いてくれる方が好ましいのです。「今日は都合が悪い」等の理由で断れば断るほど信頼関係は崩れていきます。万難を排してでも即行で動く必要があるのです。

第4章

❻何棟も購入（売却）する

これはわかりやすい理由です。私は、新川さんから6棟購入しました。中には、新川さんから購入した物件を、また、新川さんを通じて売却したこともありました。購入と売却の数をこなすことで信頼関係は深まるのです。

❼他社物件も相談する

信頼関係構築の最後の仕上げとして、ネットで他社が扱っているいい物件を見つけたら、その会社に連絡せず、信頼関係を深めつつある担当者に、扱えないかを相談することです。これによりその担当者は、信頼されていることを自覚するそうです。

❽ジーッと連絡を待つ

ここまでできれば、あなたは、その不動産会社の特定の担当者の筆頭候補です。あとは、いい物件情報がくるのをジーッと待つだけです。これで物件探しについては、一通りの対策を講じたことになります。

3 良い物件を見つけた時のチェック方法

(1) 第一報

良い物件と出合った時の内見に至るまでの流れと調査のポイントを、地方一棟の築古・高利回り物件を例にお話しします。なお、築20年越えの物件を想定して話を進めます。設備の多くについては、212ページ「リフォームや建物の設備」でも説明しています。

❶営業担当者からの第一報

営業担当者と信頼関係を構築し、ジーッと待っているといずれ連絡がきます。

「中島さん、○○に良い物件が出ましたよ。利回り15%で、一部屋空きです。明日行きませんか」といったような内容です。そこで、よほどのことがない限り、「行きます」と答えるのです。

ただ、場合によっては、これでは十分でない時もあります。状況が切迫している場合は、

「今から行きます」と答えます。だいたい、このような電話は、金曜日の午後にかかってきます。

良い物件であればある程、他の人もスタートする可能性が高いです。よって、すぐ行動を開始しないと間に合いません。

ただ、今回は、翌日行く場合としてお話しします。この段階では営業担当者も、レインズを見ているだけなので、詳細はわかっていません。

もしかしたら、ダメ物件かもしれません。しかし、無駄を恐れずに、それでも行くべきです。そして、行く以上、誰よりも早く到着すべきなのです。

❷現地に行くまで

その第一報が入った段階で、土地の坪数と路線価の調査と建物の坪数と建物の種類と築年数からざっくりとした積算評価を把握すべきです。まずは路線価の把握です。ちなみに、すでに「楽待」さんに出ている物件ならば、この面倒な作業をせずに一発で検索できるうえに、収益予想まで見ることができます。非常に便利です。さらに「賃貸経営マップ」で人口や空室率まですぐ検索できます。システムが秀逸です。

こうして路線価等を確認したら車に飛び乗り、または電車に飛び乗って現地に向かいます。

車の中からは、管理会社の候補となるべき物件の近くの不動産屋さんに電話して、客付けの状況について軽く確認します。親しい会社であれば、現地に来てもらいます。さらに、親しいリフォーム屋さんがいれば、やはり現地に来てもらいます。できるだけ一緒に行ってもらうほうがいいでしょう。それが無理ならば、別の日に単独で行ってもらっても大丈夫です。現地に到着するまでにそこまでの手はずを取れればＯＫです。

(2) 物件調査

❶立地

近くに大型ショッピングモールや役所がないか。大きな工場がないか。コンビニに近いか。小学校や保育園は近いか。こういったエリアの特性を把握します。詳細は、近隣の不動産屋さんへのヒアリングでより具体的に把握します。

第4章

❷外周・日当たり

物件調査は、いつも、外周から見て、徐々に中に進む見方をします。まず、四隣の状況を確認します。工場や墓等の住居系にとってマイナスとなる「嫌悪施設」と言われるものがないかを見ます。そして、道路付けの状況を確認します。接道が取れていなければ、再築不可物件となるので重要です（153ページ参照）。

住居系の建物である以上、日当たりが良いほうがいいに決まっています。なお、物件の南側に空き地があった場合には、現在はともかく、将来日当たりが悪くなる可能性がありますので注意が必要です。

また、日当たりが良いといっても、その「良い」には程度があります。ワンルームの場合は、日中は、ほとんどの入居者が外出していますのであまり問題になりません。ファミリータイプの場合には、ご家族が日中家にいるケースが多いので、重要な問題です。

❸駐車スペース

駐車場の台数も確認しておきましょう。地方物件は、駅にどれほど近いかというよりは、駐車台数が部屋に対して何台確保できているかの方が重要な場合があります。1Rや1K

の場合は、部屋数に対して100％（1部屋に1台）確保されているのが望ましいのですが、単身世帯でも、彼氏・彼女のために200％必要だとおっしゃる方もいます。これに対して2K以上だと、2人で住む可能性がありますので150％（1部屋に1・5台）はほしいところです。

ところで、敷地内になくても近所の借り上げ駐車場があれば足りる場合もあります。ただし、この場合には、次の点が問題です。まず、地方では駐車場は目の前にあるのが当たり前です。50メートルも離れていると嫌がられる可能性があります。さらに、近所の駐車場を借りても、その駐車場の土地が売却され、新所有者が、駐車場をやめて他の利用方法に転じたら、借地借家法の適用がないのでその駐車場を立ち退かざるを得ません。近隣の駐車場は、補助的に考えるべきです。

敷地内に100％確保され、外に補充的に50％確保さている場合は、ギリギリOKですが、それ以下の場合は、十分注意しましょう。

なお、私は内見する時に、駐車スペースをメジャーで図り直します。幅2・5メートル、奥行き5メートルの枠がいくつできるか見直すのです。寸足らずの場合には、軽自動車のスペースとして幅2・0メートル、奥行き3・5メートルも検討します。

第4章

❹基礎

基礎のひび（クラック）を見ます。ひび割れの幅などを測るためのクラックスケールで測定しましょう。それほど高価なものではありません。

ひびが0・1ミリ未満の細いものであれば、コンクリートの乾燥収縮で起こるヘアクラックがほとんどですので、あまり心配はいりません。

しかし、幅が0・3ミリを超えれば構造に問題がある懸念が生じます。不同沈下ともなると大問題です。

不同沈下とは、地盤が均等に沈下せず、建物が傾斜している状態のことです。地盤が均等に沈下していれば、その上の建物は均一に沈下しますから傾斜は発生しませんが、地盤の一部だけが沈下すると建物は不ぞろいに沈下を起こし、その結果として傾斜が発生します。不同沈下が発生すると家や建物等に大きなダメージを与えます。水平に建つように設計された建物ですが、一部が沈めば傾斜し、荷重が一カ所に集中して構造を支える部材に無理な負荷がかかるようになります。このような負担がかかるとドアや窓の開閉がしにくくなり、基礎、壁に亀裂が発生します。

私は、この手の問題には、現場にリフォーム業者または一級建築士さんに来てもらっていますので、判断はその方々に委ねます。床の簡単な補強で傾斜が緩和される場合もありますが、素人では、判断がつきかねるからです。日当（2〜3万円）を支払って来てもらえる体制にしています。

もし、仮に、重大な不同沈下とわかれば、別次元のお話です。その建物は、致命傷を負っていることになるので、私ならそれ以上の調査をせず、帰ります。

しかし、考え方によりますが、致命傷でも完全にアウトではありません。重大な不同沈下も１０００万円前後の補修費を支払えば、修正できる場合がほとんどです(物によりますが)。

その１０００万円前後を出しても利回りが15%前後であれば買いです。

ただ、その費用のローン付けには工夫が必要です。

幅が0.3ミリを超えているクラック
構造的な問題の可能性あり

第4章

❺外壁

雨の多い日本では、防水が重要ポイントです。屋根材のズレや、破損、塗装の剥がれ、雨どいについても破損がないか、よく確認しましょう。特に、外壁をしっかり確認して購入後に塗装が必要となるかを確認します。目安として外壁を手でこすって白い粉が付着すれば、近々塗装が必要です。

外壁は、モルタルとサイディング（建物の外壁に使う板）の二種類があります。モルタルは亀裂（クラック）に注意しましょう。基礎のひびと同じです。

サイディングとサイディングのつなぎ目が劣化している状態

サイディングでありがちなのが、サイディングとサイディングのつなぎ目を埋めているシーリング材に弾力性がなくなり、亀裂が発生することです。そうするとシーリングの塗り直しが必要になります。放っておくと、そこから水が入り、サイディングが反り返ってしまうため、その補修も必要になってしまいます。

屋根は遠くからでも見ることができます。

木造と軽量鉄骨のアパートは、多くがスレート屋根です。スレート屋根は、薄い板状の屋根材を指しています。スレート屋根は瓦屋根と異なり、定期的に塗装を行わないと「耐熱性」「防水性」等の性能を維持できなくなってしまいます。塗装は10〜15年程度で行うのが良いとされています。

しかし、タイミングがわかりにくく、雨漏り等の被害が出てからメンテナンスしようとしても時すでに遅く、葺《ふ》き替えや重ね葺きを行わないといけない場合があります。

次の場合にはメンテナンスが必要です。雨漏りが発生、天井にシミができた、色あせ・色むらが出ている、塗料が剥がれてしまっている、カビやコケが発生している、スレート屋根にひび割れが発生している、屋根材がずれている、屋根を固定している釘がさびている、抜けている等です。

❻鉄部階段部分

まず二階から行きます。二階に行く階段が腐食したりしていないか、塗装が必要でないかの確認をします。塗装だけならば、高くても20万円前後ですみます。しかし、腐食して補強が必要ならばもっとお金がかかります。一度、茨城で、2割程度腐食した階段・通路を補強しましたが、50万円程度かかりました。もちろん補強の程度と階段の大きさによります。

❼共有部分

共有部分について、まず、汚れていないか、ゴミが落ちていないかをチェックします。仮にゴミが落ちていても、購入後、しっかり管理すればいいだけです。ただ、現在の管理会社の管理が悪いとの推定ができます。管理会社を変える一要素にはなります。

次に、洗濯機が外に出ているかを確認。洗濯機が部屋の外に置かれていれば、女性が入りたがらない場合が多いのでマイナスポイントです。

また、ドアの横に本が積み重なっていて、時間もたっている場合等、問題ある方が入居されている可能性がありますので、後で売主に確認が必要です。

なお、満室の場合、次の❽から㉓までは、部屋の中に入っての調査ができません。後は、売主が所有する写真を見せてもらうぐらいしかできませんが、後日、口頭で確認する等、できる限りの情報収集はしておきましょう。

❽ドア

いよいよ部屋に入ります。

まず、ドアの開閉。めったにありませんが、仮に、開閉に問題あれば、建物が傾いている可能性があるため、要注意です。また、引き戸や窓もすべて開閉し、スムーズにいかなければ、やはり建物が傾いている可能性を疑うべきです。ただ、この場合、建具自体がおかしいこともあります。

次に、ドアの鍵の種類とテレビドアホンの有無も確認しておきましょう。

❾玄関

靴箱の有無と広さも確認しておきます。

⑩キッチン

キッチン周りの汚れの程度を見て、流し台の交換が必要か否かを確認します。シンク下の扉部分の補修はシートでも可能です。

ただ、流し台が汚いと嫌がられるので、扉部分の補修だけでなく、思いきって新しい流し台に交換する場合もあります。通販で公団サイズだと3万円台からあります。数が多ければ、値段交渉もできます。

⑪トイレ

バスとトイレが別か確認。バスとトイレ、洗面台が一緒になった3点ユニットだと募集が困難になる可能性が高いです。なぜかというと、バスでシャワーを使うとトイレが水浸しになるからです。管理会社も好まず、多くの客が、トイレとバスが一緒の場合には、対象から外すことが多いと聞いています。

しかし、家賃を下げる等の方法で入居促進することは可能です。築古の高利回り物件は、バスとトイレが一緒の場合が多く、これを最初から除くのはもったいないことです。あくまでも、物件の一特性ととらえるべきです。私が所有する物件でも3点ユニットタイプがありますが、満室です。3点ユニットは、重傷ですが致命傷ではありません。

また、ウォシュレットか否か確認。ウォシュレットでなければ、ウォシュレットを付けるための電源があるか否かを確認します。電源がなくても、電源を設ける工事をすればよいのですが、その分手間がかかります。

⓬居室

和室か否かを確認します。畳の和室だと、洋室に変更する必要性が高くなり、床の調整(高さ調整)とCF張り(クッションフロア)が必要になります。ざっくり一部屋10万円ぐらいです。なお、押入れに手を入れるとさらに費用がかかります。

⓭クロス

張り替えが必要か確認します。

天井や壁にシミがある場合は、要注意です。雨漏れや水漏れの可能性があります。

⓮床

まず、傾いていないかどうかが最も重要です。

ただ、傾きが一部のみであれば、床を補強することでカバーできます。しかし、床全体が傾いている場合は、不同沈下を疑うべきです。キッチン、トイレ、浴室も同じです。

次に、床が汚れていないか確認します。

巾木《はばき》の取り替えが必要になるか否か確認。なお、巾木とは、床と壁の継ぎ目で、壁の最下部に取り付ける細長い横板のことです。床と壁の境目となり、壊れやすい壁の下部を保護する目的で設置されています。

⓯クローゼット

今どきは押入れより、クローゼットのほうが好まれます。

⓰窓

窓が割れていないか、ひびが入っていないかを確認します。

特に網（ワイヤー）入りガラスは、日が当たる場所では割れやすいです。なお、網入りガラスは、「消防法」で使用することが義務付けられています。万が一火災が起きてしまった場合、普通のガラスは火による熱で割れてしまい崩れ落ちてしまいます。そうなると火の範囲がより広がり被害が大きくなってしまいますが、網入りガラスだと、ガラス自体は割れても中に入っているワイヤーがガラスが崩れ落ちるのを防ぐため、火が広がりにくくなるのです。

一般に防犯との誤解がありますが、防火のためなのです。

この網入りガラスは前述したように割れやすい特徴があります。特に発生しやすいのは寒暖差の大きい冬場です。冬場、冷やされたガラスに太陽の光等が当たると中の鉄（ワイヤー）が膨張し始めます。そして、ガラスの中で先に鉄が膨張すると硬いガラスを押し広げることになりその広がりに耐えられなくなったガラスが「パシッ！」と割れてしまうのです。なお、網入りガラスは、高価です。換えるとなると費用がかさむことを覚悟しておきましょう。

次に、網戸がきちんと入っているかどうか確認します。網戸の破ればかりか、網戸のフレーム自体がない場合があります。フレームごと取り替える場合は、サイズを測って通販で購入すれば1万円以下で済みます。

⑰天井および照明

天井のシミも要注意です。雨漏れと水漏れの可能性を考えるべきです。居間の天井が汚くないかもチェックします。場合によっては、天井クロスの張り替えが必要になります。

意外と忘れがちですが、引っ掛けシーリングか否かも大事です。引っ掛けシーリングとは、主に天井に設置される電源ソケット、およびこれに接続するプラグであり、照明器具の重量を支える支持器具の役割を兼ねるものです。古いアパートだと、直接配線している場合があります。この場合には、引っ掛けシーリングに変更する必要があるでしょう。ただし、直接配線している古い器具から引っ掛けシーリングボディの変更に際しては電気工事士法の対象であり、電気工事士の資格がなければ作業することができません。意外と厄介です。

⑱エアコン・テレビ線

年式を調べておくべきです。10年目のものであって機械によってはまだ使える場合があります。ただし、リモコンが本体とコードで接続している場合は、相当古いです。これは見栄えも悪いので交換しましょう。

⑲ベランダ

物干し竿を引っ掛けるところがあるか。勾配があり、排水が取れているかを確認します。

⑳屋根裏

廊下の天井に点検口がなくても、浴槽や押入れ等の収納部の天井が外れる場合がありま す。屋根裏は、雨漏りの影響が真っ先に出ます。全体を懐中電灯で調べて、雨漏りの後が ないか確認しましょう。

また、断熱材の施工状況の確認も必要です。カビや腐り等に気を付けましょう。

㉑床下

床下は、床下収納庫を外して見られるようになっている場合が多いです。床下収納がない場合は、押入れの床板の一部を開ける方法もあります。また、畳の部屋の中央部分の畳を上げ、床板を仮止め状態にしておけば、点検が可能です。外部から換気口に照明を当て土部分を点検する方法もあります。床下は本来乾燥しているのがベストです。木部に湿り気がありそうなら注意が必要です。水回りからの水漏れ、木の腐食は、シロアリの原因となります。また、カビ臭い匂いがしている場合は、どこかが湿気ている可能性があります。

㉒公水道

通常は、公水道の水は、設備から送り込まれる圧力で2階までは圧送できます。しかし、3階以上であれば半分ぐらいのアパートが、圧送できません。

よって、アパートの敷地内に自費で、いったん水を貯めておく貯水槽と3階以上まで汲み上げるためのポンプが必要になります。こういった設備は非常にお金がかかります。ポンプがいきなり壊れたら一大事です。その間、水の供給ができないことになります。値段を問わずに急ぎポンプを購入し、工事を行わなければなりません。

その際、工事会社の言い値でポンプを買わざるを得なくなります。なお、ポンプが2個ついている場合には、いきなり工事をする必要は低いでしょう。

問題は、このポンプが100万円前後もすること。交換となると痛い出費です。また、

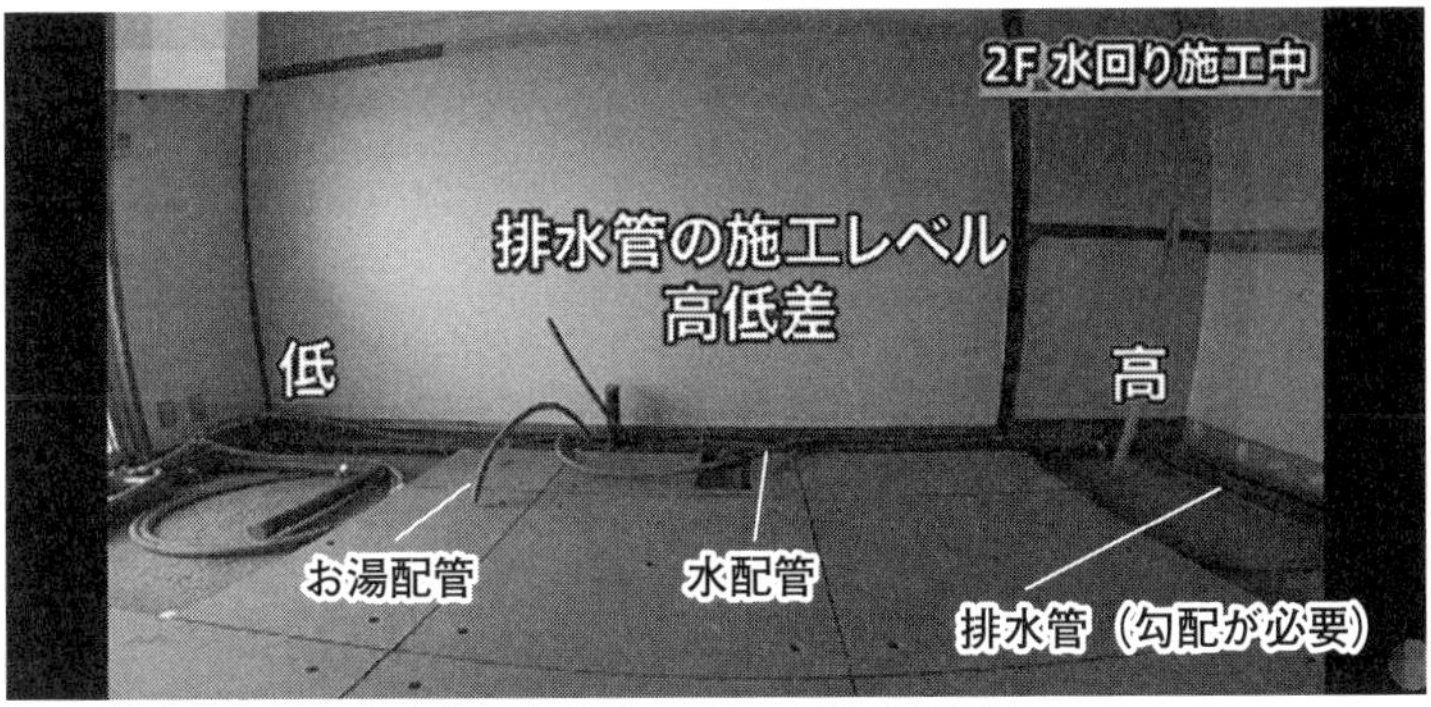

長持ちするプラスチック性の各種配管

貯水槽は、年に一回以上の検査を義務付けられており、その費用も点検と清掃で10万円程度かかります。

㉓給水管

最近の配管は、プラスチック管が主流ですが、築古物件となると鉄管があります。鉄管は、経年により、配管内部にさびが発生し、管の径が小さくなっているため水に勢いがない場合があります。また、さびにより赤水が出ることもあります。このために、給水管の交換が必要となるのです。

配管がどの種類かは、大事なチェック事項です。ただし、床に配管が通っているとなかなか見られません。

㉔井戸

地方では、いまだに、井戸水を使用しているところも散見されます。この井戸水が意外とくせ者です。長所と短所の両方があります。

井戸水のいいところは、使用料というものがありませんので、ポンプを作動させる電気代を除けば、タダで使用できることです。これは賃借人に喜ばれます。

しかし、必ずしも良質な水が出るとは限りません。鉄分やマンガンを抑えたい場合には、除菌器等が別途必要となります。そして、除菌器の管理に手間がかかるので、良質の水でなければ、井戸はコストがかかります。

そこで、公水道への切り替えですが、前面道路に水道本管が布設されているとして、水道引き込み工事費35〜60万円、道路舗装費8〜15万円、手数料1〜3万円、メーター分担金12〜30万円（市町村によって異なります）。これに、井戸水から水道への切り替え配管工事が必要です。これも、結構な出費になります。

ただ、公水道だと水質に問題がなく安心なので、私が所有する茨城町のアパートでは、井戸から公水道に切り替えました。

㉕下水道・浄化槽

建物の排水は、トイレからの汚水、キッチンや浴室からの雑排水、雨樋からの雨水等です。排水は「最終枡《ます》」に集められて、敷地外に出されます。そして、最終枡に集められた排水は、下水道が通っていれば、下水道に直接放流します。

ところが、下水道が通っていない場合や、通っていても接続していない場合には、敷地の中に浄化槽を設けている場合が多いです。

この浄化槽とは、汚水や雑排水を浄化処理して放流するための施設です。水洗式便所と連結して、し尿（糞や尿）および雑排水（生活に伴い発生する汚水・生活排水）を微生物の働きで浄化し、側溝、道路排水管、河川等に放流します。浄化槽は、定期的に清掃や点検が必要で、年間数万円のコストがかかります。これに対して、下水道には、維持コストはかかりません。また、その使用料は、各賃借人に水道料金と併せてその使用者に請求されます。賃借人が支払うので大家にやさしい制度です。ただ、浄化槽から下水道方式に切り替えるには、相当の費用がかかります。

㉖ガス

設備で最もポイントとなるのは、ガス設備です。私は、内見した物件が都市ガスだとがっくりします。逆に、プロパンガスだと大喜びです。それは、無償で給湯器の保守がなされるからです。意外と給湯器は高価です。それを無償でやってくれるので大助かりです。ただし、今後経済産業省の指導で、このサービスはなくなるかもしれません。

都市ガスの場合は、そもそもこのサービスがありません。ですので、給湯器が壊れると、十数万円を大家が負担しなければならないのです。

㉗ゴミ集積所

ゴミ集積所は、アパートの敷地内にないことが望ましいです。あると、その清掃と管理で大変です。

もちろん、敷地内にない場合でも、決められたところに捨てるよう賃借人にお願いすることが大切です。特に、外国の方は、その方法がわかりませんので、訳文のついた文書でお願いしましょう。

㉘エレベーター

ＲＣの物件であれば、エレベーターがついている場合があります。この場合には、多大な費用がかかることを覚悟しなければなりません。

もともとエレベーターは、メーカーが主導権を持っています。そのために保守点検費用も、その修理の費用も高額です。独立系といって、メーカーと関係なく保守点検および修繕をする会社もありますが、これもそれほど安くはありません。

エレベーターの部品は30年ぐらいしか供給されないので、仮に故障がなかったとしても、部品がなくなる前に、取り替えなければならなくなる場合もあります。平均1000万円前後はかかります。

定期点検費や電気代も相当かかります。このようにエレベーターは、メンテナンスにかかる額が大きいために、収支に大きく影響します。

エレベーターのついている物件を買う場合は、事前に、その費用、保守点検等の費用についても想定して購入するべきです。

4　現地不動産屋さんへの聞き込み

(1) いきなり飛び込みヒアリング

物件の内見の後は、客付けが可能か否かの調査です。満室にできるか、できるとしてその賃料額は、そのためにどのくらいの期間かかるか等の調査です。この調査を省き、仲介の不動産屋さんや売主の言い分を丸のみすると後で痛い目に遭います。

私は、物件を調査したその足で、物件と同一エリアにある不動産屋さんを3店回るようにしています。3店の選別基準は、直感でかまいません。私は、当初、賃貸関係の募集のサイトで募集する数が多い店を選んでいました。できれば、地域ナンバーワンの店を選びたいです。また、好みの問題ですが、町中の古くからあるこじんまりした不動産屋さんより、テレビで広告しているような、フランチャイズの店のほうが私は好きです。

最初は、全く知らない、何の面識もない不動産屋さんに行くのです。多少の気後れを感じます。

店に入る際には、今度、アパートを購入することと、購入した際には、御社に管理を委ねたいと考えていることを伝えます。真摯に物件購入を考えていることを示すことが重要です。

私は「今日、物件を見て購入を検討しています。融資は、事前に了解を得ていますので、後は、私自身が購入の判断をするだけです」と、すでに、購入直前まで行っており、堅実な相手だと思ってもらえるように話します。すると、相手も真剣になります。

⑵ 3店回るとおおむねエリアの特性がわかる

3店も回るとおおむねエリアの特性もわかります。

そして、管理を委ねる可能性があることを前提に話をしていますので、意外と景気のいいことばかりを話しません。私の経験上、皆さん、マイナス点も正直に答えてくれます。

そして、若干の違いがあるもののだいたい3店の答えは、同じ内容になります。これでエリアの特性、満室にできる賃料額、満室にできるまでの期間等が把握できます。

第4章

(3) 本当の利回りを知る

これらの見解を踏まえて、果たして、利回りがいくらかを算定します。多くの場合、売主が主張する想定賃料より低くなるのが普通です。

私は、富士企画の新川さんから「本当の一部を除いて、賃料を下げれば入らないエリアはないです」と教わりました。

満室にするのは、賃料の設定如何です。ただし、まれなケースでは本当に、賃料を下げても入らないエリアがあります。賃貸需用が全くないエリアが存在しますので、そのエリアとわかれば、即、撤退しましょう。

5 指値

現在、売り手市場です。今では、指値ができる場合は、限られています。

指値のポイントは、彼我の立場の分析です。

売主側に、相続や資金繰りで売り急ぐ事情があるか？　アパート経営に熱意があるか？　今まで内見者はいるか？　その中で買い付けを出した人、指値の有無とその額は？　二番手がいるのか？

こちら側の事情は、現金か？　融資が内定しているか？　属性がいいか？　さらに、契約不適合責任を免責にしているか？

以上の売主と買主の事情を総合考慮して指値をしています。

ただ、決して、売主を怒らせてはいけません。

人間は、数字だけでは動きません。感情もきわめて重要です。こちら側の不動産屋さんを通して物元（売主側の不動産屋さん）にこっそりと、その額で売主が気を悪くするかどうか、確認するべきです。なお、経験上、仲介会社が両手（売主買主双方の仲介）だと話がまとまりやすいですね。

6 買付証明書の送付

(1) 買付証明書とは何?

物件の内見も終わり、客付け調査も終了して、その結果「ＧＯ」との判断が出たら、次は、買付証明書の送付です。

なお、買付証明書は購入の意思を示すための書類であって、原則として法的な拘束力はありません。よって、キャンセルをすることは可能ですが、買付証明書を出したのに、正当な理由なくこれを履行しないと、こちら側の不動産屋さんの信用が大きく損なわれます。軽々に買付証明書を出すべきではありません。

(2) 買付証明書は一番を取る

同一の条件の買付証明書が複数人から出された場合には、その到着の順番に従って優先権を与えるルールになっています。現在は、融資が決まった順を重視する場合も多いですが、額が同じであれば、買付証の順番を重視する不動産屋さんも多いです。

一日に2件の買付、ワールドワイドな超ポジティブ人生　60代女性Wさん

経歴　山梨県生まれ。慶應大学在学中、スタンフォード大学に交換留学。大手酒造メーカーで13年勤務後、退職。30歳半ばで再度留学し、グリーンカード（米国永住権）を取得後、帰国。40歳過ぎて結婚し、47歳で第一子出産。その後、英会話スクールを経営。第2の柱を建てたいと思い、不動産投資を開始。

投資概要　地方一棟物件を3棟、戸建てを2棟所有。投資総額は8000万円。年間家賃収入は1200万円。年間CFは400万円。

本人インタビュー

私は昔から海外に興味があり、13年程日本で勤務した以外は、可能な限り米国で学びました。ただ、考え方がいつも人より10年違うようで、40代で結婚もしたい、子どもも産んでおきたいという理由から、日本に帰国しました。やっとの思いでできた息子のために、

第4章

50代で英会話学校を経営し始めました。

学校の経営は順調でしたが、より経済的な安定を得るために不動産投資を検討し、7年前から、立て続けに3棟の地方一棟物件を購入し、戸建ても2棟連続して購入しました。いずれも15％以上の利回りでした。

その後は、利回りが低くなっていることや、学校経営に専念しなければならなかったので、新たな不動産購入をひかえていたのですが、最近、塾の同期生がさらに買い進めて次々にファイヤしていくのに刺激を受けて、再度再開しました。年齢的に融資が付くのは徐々に厳しくなると思うので、できる範囲で買い進めていくつもりです。

中島コメント

Wさんのすごみは、ご経歴からもわかるとおりに、良いと思ったらドンドン進んでいくところです。いったん、このようにしようと決定すると、多少のことは気にせずに突き進むのです。

不動産投資に関しても、買い付けツアーで良い物件であれば、躊躇《ちゅうちょ》せずに「あれも、これも」と一日で2件買い付けを入れられていました。この超ポジティブ人生に、不動産投資はある種の重石としてよき安定剤になっている気がします。今後もますます大きくなっていきそうな方です。

7 契約・重説

(1) 契約の時期

買付証明書を送付し、相手方からその額で「OK」が出たら、なるべく早めに契約しましょう。間を空けると邪魔が入る可能性があるので、急ぐ必要があります。こちらと売主とのスケジュールを調整し、日程を決めます。なお、最近は、融資が決まるまで契約をしない場合が多いです。

問題は、仲介会社の担当者による契約書の作成に日数がかかることです。担当者が契約書と重要事項説明書の記載で時間をとられるのです。その中で、特に時間がかかるのは、役所での都市計画関連、建築基準法、道路関係、課税関係等の調査です。しかし、いずれも手を抜くと後で痛い目に遭う事項ですので一定の時間が必要です。これらを踏まえて契約の日程を決めるのです。

(2) 必ず契約書をチェック

契約書と重要事項書は、前述のとおり、その作成に時間がかかりますので、急がせても、できるのが契約の前日という場合が多いです。しかし、前日であっても必ず、全文をファックスまたはメールで送ってもらい、事前に目を通しておきましょう。

契約日には、契約書と重要事項書を音読しますので、この時に確認すればいいともいえますが、契約の場は独特の雰囲気があり、その雰囲気にのまれ、冷静に判断できない可能性があります。また、判断できても言い出しづらい場合が多いのです。よって、事前に自分のペースで読み、かつ、疑問に思ったことをドンドン不動産屋さんに説明を求め、前日までに解決しておきましょう。

私の知っている方は、契約の日に、事前に聞いていなかった建物での自殺の件が、重要事項の告知事項にあったそうです。その席で、驚きかつ憤慨しつつも、冷静に判断し、値下げ交渉をしたのですが、通らなかったので席を立ったそうです。その仲介の担当者も、買主が契約の日の雰囲気に飲まれて黙って印鑑を押すと思っていたのでしょう。

このようなことはあってはなりません。物件の問題点を事前説明せずに、なんとなく、重要事項説明書に書き込んでいる場合がありますので、こちら側の不動産屋さんでもこの点をある程度疑ってかかるべきです。契約書や重要事項説明書の事前チェックは必ず必要なのです。また、仮に、事前説明がない場合、納得できなければ、契約の席を立つ勇気も必要です。

(3) 契約書と重要事項説明書との違い

何千万円もする買い物なので、契約書と重要事項説書は、隅々までくまなく目を通しましょう。基本的にすべて重要です。

不動産投資を考えている皆さんは、契約書の他になぜ重要事項説明書があるのかご存じでしょうか？

契約書は、当事者同士の間の約束事を文書にしています。これに対して、重要事項説明書は、宅地建物取引士が買主に対して契約上重要な事項を説明するものです。

端的にいうと、売買をする前提として、「あなたが購入する物件は、このようなものです」と不動産会社が買主に説明しているのが重要事項説明書です。この説明を受けてこの物件で問題ないと判断した場合のみ、「では、契約を取り交わしましょう」ということで、売買契約書を買主と締結するのです。

両者は、似たような文章ですが、当事者が異なるものなので混乱しないようにしましょう。

(4) 売買代金

では契約書や重要事項説明書に記載されている用語やポイントについて説明します。まず、通常売買代金は、「総額」と「土地代金」「建物代金」と三つの欄に分かれています。

このうち、「総額」にのみ注意がいき、あまり「土地代金」「建物代金」については気にしない方が多いです。

しかし、ここは勝負です。「土地代金」と「建物代金」の比率によって、減価償却の額が異なるのです。減価償却費は経費となり所得を抑え、納税額を抑えることになります。

重要な問題ですので全力を挙げて「建物代金」の比率を高め、「土地代金」の比率を下げるように努力しましょう。

相手が個人だと、その比率はあまり関係ないので、こちらの主張を聞いてくれる可能性が高いです。しかし、法人だと消費税の関係で、聞き入れてくれないことが多いです。その場合には冷静に計算し、相手の損失分を補っても、なおこちらの節税の効果が高い時は、相手方の損失分を売買代金に上乗せすることも検討し、売主と交渉する方法もあります。

(5) 土地の種類

不動産取り引きには、法律に基づいて、いろいろな法令上の制限があります。そのすべてを知る必要はなく、アパートオーナーとして、私の経験から特に知っておくべきことについてお話しします。

❶市街化調整区域

市街化調整区域とは、「調整」との言葉にかかわらず、都市計画法により市街化をさせないエリアのことです。原則として建物を新たに建築することができません。また、現在建物が建っている場合でも、再建築ができないことがあり得ますので注意が必要です。これに対して市街化区域は、市街化を促進する地域ですので、通常は、建物を建築することが可能な区域です。

市街化調整区域といっても、法律が適用される以前から建っている住宅もあり、再建築を一切認めないわけではありません。都市計画法に基づき、都道府県知事の許可を受ければ再建築できることになっています。既存宅地であれば、許可が出やすいと思われますが、必ずしも許可が出るとは限らず、一定のリスクを伴います。その覚悟で、市街化調整区域の物件を購入すべきです。できるだけリスクを減らすために、事前に役所等でのヒアリングが必要です。

ただ、市街化調整区域の問題は、それだけにとどまりません。融資の際に担保評価が低くなるというリスクがありますし、担保評価ゼロとする銀行さえあります。その意味でも注意が必要です。

❷非線引きのポイント

非線引きとは、市街化区域と市街化調整区域を分けていないところです。担保評価しづらいといった難点はありますが、再建築の制限は基本的にはありません。

(6) 道路付け

❶再築不可物件

日頃、私は、道路についてあまり考えたことがありません。皆さんもそうでしょう。しかし、土地の購入に際しては、道路が決定的に重要な要素となる場合があります。道路の状況によっては、再建築ができない場所があるのです。なお、道路は奥の深い分野です。本が一冊できるぐらいです。ここでは、ほんの初歩的なことについてのみ触れます。

建築基準法第43条1項に「建築物の敷地は、原則として道路に2メートル以上接しなければならない」と規定されています。この定めが接道問題の出発点です。この規定から、現状で建物が建っている敷地であっても、それを建て替えることができない場合が発生するのです。これが再建築不可物件です。

この規定により、建て直しができないということも痛手ですが、さらに、再建築不可物件として売却時に相当買い叩かれます。また、融資自体も困難となります。よって、一般に再建築不可の物件は、素人は手を出すなと言われています。

ただし、接道に関しては、例外もいくつかありますので、その主要な例外をざっくりでも押さえておかなければなりません。これで、不動産屋さんから説明を受けた時に、ビビらなくてすみます。なお、正確な情報は、仲介の不動産屋さんに確認すべきです。絶対に知ったかぶりはすべきではありません。

❷道路法の道路

まず、同条の接道すべき「道路」について、国道や県道、市道等がこれにあたります。いわゆる公道です。原則幅員4メートル以上あります。

❸2項道路

この規定が適用される前から建築物が立ち並んでいる幅員4メートル未満の道で、特定

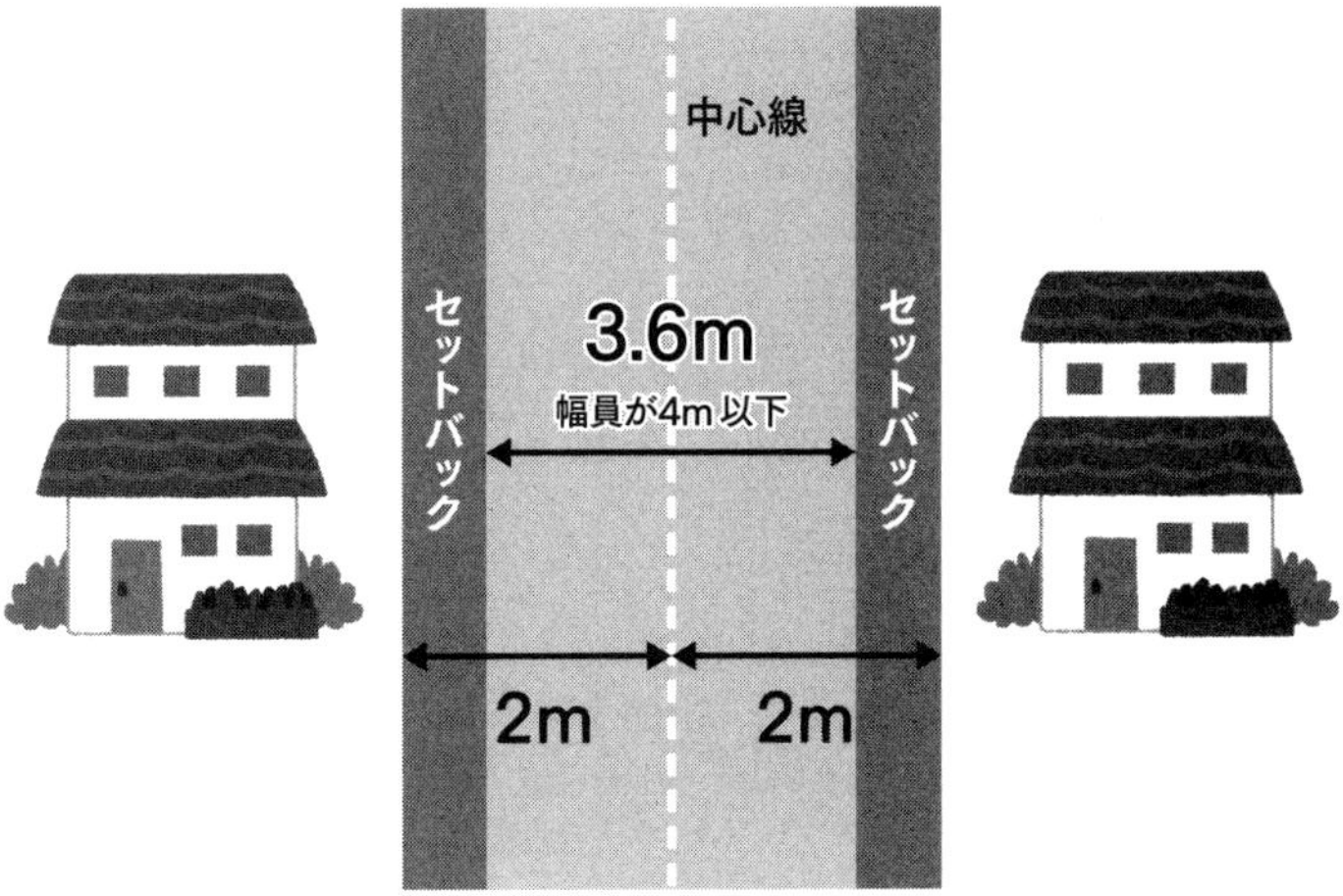

２項道路

行政庁の指定したものを俗に2項道路といいます。これに該当すれば接道条件を満たしていることになります。

建築基準法施行当時は、むしろ、この幅員4メートル未満の道路が市街地の相当部分を占めていました。これらを道路とせずに、建築を制限するのは現実的ではありませんでした。その妥協点として、将来4メートル以上にする前提で、特定行政庁の指定を条件として道路として扱うことにしたのです。

そして、将来、4メートル以上の道路にするために、この2項道路に接する敷地で建て替えを行う場合には、敷地の一部を道路として提供しなければなりません。これを「セットバック」と呼びます。将来再建築する場合

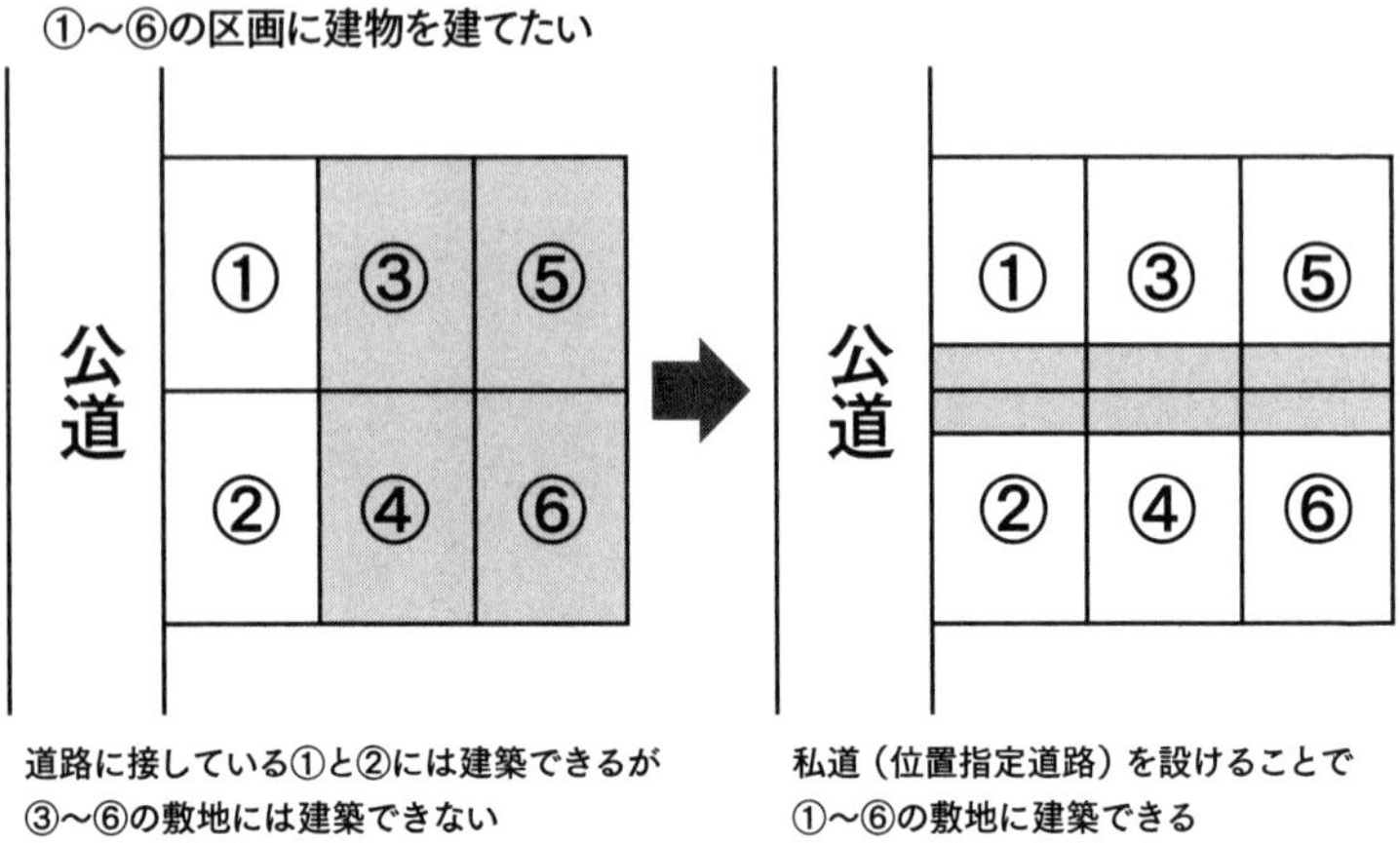
①～⑥の区画に建物を建てたい
公道
①
③
⑤
②
④
⑥
公道
①
③
⑤
②
④
⑥
道路に接している①と②には建築できるが
③～⑥の敷地には建築できない
私道（位置指定道路）を設けることで
①～⑥の敷地に建築できる

位置指定道路を設けて建築

には、このようにセットバックすることで、幅員4メートル以上の道路にするのです。

❹位置指定道路

地主、建築主が築造して、特定行政庁の指定を受けたものを「位置指定道路」と呼ばれています。例えばミニ開発等の小規模な住宅地の開発の際に見られます。

(7) 容積率と建ぺい率違反物件

建物の大きさを規制するために設けられているのが、建ぺい率と容積率です。

建ぺい率とは、敷地面積に占める建築面積の割合のことです。建築面積は建物の1階部分の平面面積にほぼ等しく、敷地の何%まで建物を建ててもよいかという広さを規制する数値です。

一方、敷地面積に占める建物の延べ床面積の割合が容積率です。

問題は、これらの違反物件があることです。

もちろん、法違反の状態はそれ自体問題ですし、隣近所の方にも迷惑をかけています。何より最大の問題点として考えられるのが、違反の程度によりますが、銀行融資がつきづらいということです。よって購入の対象から外れるのが通常です。

しかし、現金で買えば購入については問題ありません。また、現金がなくても、ノンバンクでの融資は可能と思われます。ただし、売却時にもまた買主の銀行融資が付きづらいので苦労することでしょう。

(8) 契約の解除

契約が成立した以上、当然成約を目指して皆さん動きます。しかし、売買の過程は生き物です。場合によっては、解除せざるを得ないこともあります。これらの場合に、的確に対応するために、どんな時に解除できるのか理解しておくことが重要です。契約の解除ができる場合として主に次の3パターンが認められていますが、この3パターンは混同しがちなので注意が必要です。

❶手付け解除

通常不動産の売買契約には、手付け金が交付されます。

手付けとは、当事者に違約がない場合でも契約を解除できる権利を与える意味、つまり、「解約手付け」だと理解されています。

手付けの額は、売買金額の5〜10％程度が目安です。決まりがあるわけではないので、それより低い額でも相手が同意すれば、問題ありません。また、良い物件で、逃したくない時相手への拘束度を増すために、さらに多額の手付けを交付することもあり得る手段です。ただ、売主が不動産業者の場合には上限規制があります。なお、意外と知られていませんが、手付け解除をすると手付を失うだけでなく、仲介手数料も支払わなければなりません。

❷ローン特約による解除

㋐ローン特約は、買主の味方

不動産の買主が、金融機関やローン会社からの融資を前提として、不動産を購入しようとしている時、融資を受けることができなければ、不動産の購入自体ができなくなる可能性があります。そのため実際の不動産取引では、あらかじめ予定していた融資が金融機関等によって承認されなかった場合には、買主は不動産を購入する契約を解除して、契約を白紙に戻すことができるという特約を盛り込むことがあります。

こうした特約を「ローン特約」と呼んでいます。もしこの特約がないと、たとえあなたがローンを借りられなかったとしても、売買契約は解除できず、代金全額を用意できなければ契約不履行となり、損害賠償を支払う憂き目に遭います。

手付け解除期間なら、手付け金の放棄ですみますが、この期間を超えていれば、損害賠償の予定額を支払わなければならなくなるのです。

このように、ローン特約は、ローンが付かなかった場合にこれらの支払いをせずに売買契約を解除できる規定です。したがって、買主を保護してくれる規定です。書き忘れる方はいないと思いますが、要チェック項目です。また、可能な限り期間を長めに設定しましょう。また、融資を待っている間に、この特約の期間を突破してしまうことがあります。必ず、延長することを忘れないようにしましょう。

融資が実行されるまでは、何が起こるかわかりません。

(イ) ローン特約は、売主から見れば、悪魔の規定

買主を保護してくれる規定ということは、売主にとっては悪魔の規定です。この規定があるがために、せっかく、売買額が一致し、時間をかけて契約したのにもかかわらず、買主側の事情で白紙になるのですから。一銭にもなりません。売主側に立つと不利な規定です。

また、このローン特約は、買主が契約続行の意思をなくして、わざと申し込みをしなかったり、必要な書類を提出しなかったりする場合には、適用がありません。しかし、申し込みをしたのにもかかわらずに、買主が銀行にローンを締結させないようにする方法はいくらでもあります。契約の履行の成否を事実上、買主に委ねているのに等しい規定です。

つまり、この規定により契約の履行の成否の主導権が買主にあることになります。なお、解除しやすくするために、この規定の金融機関名や金利等はなるべく特定しておくべきで

す。

この特約をあえて結ばないと売主に喜ばれます。購入額相当の現金を有している場合でも、現金をなるべく使わないようにするために、相手方から見て、契約の安定性が現金と同じ結果を有し、相手を安心させる「ローン特約なしで」と買付証明書に付記して、このローン特約を排除して申し込むのです。

この場合、大幅な値引きに応じてもらえる可能性が高まります。

❸債務不履行で損害賠償予定（違約金）を支払って解除

契約の当事者の一方が契約を履行しない場合には、それによって生じた損害を立証したうえで、相手方に対して損害賠償の請求をすることになります。しかし、債務不履行による被害を受けた側に、その損害の立証責任を負わせることは、大変です。

そこで、不動産売買契約では、あらかじめ損害賠償額の予定または違約金の定めを契約書に明記しておくことが多いです。

通常物件価格の10％から20％の額を損害賠償の予定額とすることが多いです。この損害賠償額の予定または違約金の定めの特約があれば、契約の相手方に債務不履行があった時に、実際に生じた損害額を立証することなく、定められた損害賠償額を請求することができます。ただし、予定額以上の損害が生じたとしても損害賠償額の増額を求めることはできません。

このように、債務不履行で解除される事態は、可能な限り避けなければなりません。物件価格の20％をなんの対価もなく支払うのは、大損害を被る危険性があるため、絶対に避けるべきです。逆に、自分が買主で、売主が売買契約の履行を行わずに債務不履行と判断できるならば、この規定は、強力な味方になります。

⑼ 契約不適合責任

契約不適合責任とは、あらかじめ目的物に対して取り決めた種類や品質、数量に関して、契約内容に適合しない引き渡しを行った場合につき、売主側で負担する責任を指します。もともと瑕疵《かし》担保責任といわれていました。

契約不適合責任をわかりやすくいえば、「買う約束をした物と現物が違う」という買主の主張を認めて、売主に負わせる責任です。

条文では「引き渡された目的物が種類、品質又は数量に関して契約の内容に適合しないものである時」が、契約不適合責任の発生要件です。

つまり、契約の内容が問題となるのです。そこで、契約書の記載が重要となります。もっとも、住宅が通常備えているべき品質は、わざわざ売買契約書に明記されません。例えば、居住を前提として売買される住宅は、屋根や壁で雨風をしのぎ、寝食をする空間が確保されていて、平穏に暮らせる建物だと当たり前に想定されています。売買契約書に明記されていないからといって、契約上で想定されている品質に欠けた住宅を売ってよいわけではなく、売主は契約不適合として責任を追及されます。

しかし、品質については主観的な部分もあります。売主と買主の意識差が大きい場合はトラブルが発生する恐れがあるため、売主は、契約前にしっかりと説明し、できるだけ契約書に書き込んでおく必要があります。物件内容に合わせた特約によって、契約不適合責任の及ぶ範囲等について、別途詳細に取り決めておくことが重要です。

例えば、契約で排除されていない限り、屋根・天井裏の損傷等による雨漏り、水道管の老朽化による水漏れ、シロアリ等による木部の侵食、基礎や構造物の腐食等がこれにあたります。もちろん家屋が傾いているとか、塀が崩れているとか、明らかな欠陥も当然入ります。土地については、土壌が汚染されている、地中に不要な埋設物がある、ということが欠陥としては考えられます。ただ、これらも可能な限り契約書に書き込んだほうが争いの予防になるでしょう。

契約不適合責任を問える場合には、買主は売主に、本来の契約に適合した目的物の引き渡しを求めることができます。具体的には、まず補修や代替物または不足分の引き渡しを請求できます。これを「追完請求」といいます。この他、「代金減額請求」「契約の解除」「損害賠償請求」も認められています。

契約不適合責任には、買主側からの請求権行使については基本的に「不具合を知った時から1年以内」という期限が定められています。買主側としては、この期限内に、売主に対して不具合の内容を通知しなければなりません。

この契約不適合責任規定も、売主から見たらうっとうしい規定です。逆に、買主から見たらとてもありがたい規定です。

売主の立場から考えれば、やっと売買が成立し、かつ、決済も終わり、そろそろ売却のことを忘れかけた頃に、買主から、ここがおかしいので賠償してくれといわれるのは、心理的にもつらく、また、その補修箇所がどの程度あり、どの程度の費用がかかるか事前にわからない点も不安を重ねます。費用もかかるので経済的な負担となります。そこで、築古物件では、契約不適合責任免責の規定を売買契約書にあえて定め、契約不適合責を免れようとする場合が多々みられます。

特に、築20年以上の物件の売却の場合、その多くは、契約不適合責任免責の規定をすることが多いです。また、免除しないまでも、その期間を3カ月と民法の規定よりもだいぶ短く設定することが多いです。

要は、売主となったら、契約不適合責任免除の規定を設けるように努め、逆に買主となったら、なるだけその規定をつけさせないように努力しましょう。ただ、最初から契約不適合責任免除が売買の条件としていれば、規定をつけさせないようにすることは難しいですが。

ただし、売主が不動産業者の時には、最低2年間は契約不適合責任を負うことになっています。これは宅地建物取引業法によって「引き渡しの日から2年以上」となる特約のみが認められているためです。売主が業者の場合には、契約不適合責任を2年間も追及できるので安心です。

第4章

⑽ その他特記事項

売買契約書も重要事項説明書も、すでに様式化されているものに書き込めば完成するタイプを通常使っています。

ポイントは、書式化されていない「特約条項」または「その他」の欄に重要なことがさりげなく書きこまれていることです。双方とも末尾に書かれているので、注意力が落ちている時に読むことになります。しかし、そこが通常の売買契約と異なることを書き込める重要なスペースです。要注意の場所で、じっくり読む必要があります。

⑾ ガス設備特約

プロパンガスの場合に、売主が契約していたガス屋さんを買主が継続して依頼する時は問題になりません。しかし、売却後に買主がガス屋さんを変更する時には、注意が必要です。

それは、ガス配管設備の多くは、ガス屋さんに所有権がありガス屋さんが無償で貸与している場合が多いからです。

売買時に、ガス配管設備の使用契約を買主が引き継ぐと契約書に一筆書き込む必要があります。

これで、売主としては、ガス配管設備等の責任を買主に引き継がせることができます。

ただ、通常は、変更後のガス屋さんが、前のガス屋さんと話をして、ガスの設備を買い取ることが多いので、あまり問題は生じませんが、この話し合いがうまくいかないとトラブルになります。

同じ問題は、ガス配管設備だけでなく、ガス屋さんがサービスで付けてくれているエアコン等についても発生します。

⑿ 収入印紙

不動産の売買契約書には、原本と写しそれぞれに収入印紙を貼付しなければなりませんが、この収入印紙代を節約する方法があります。原本を売主買主のどちらかにして、もう一方を写し扱いにすると収入印紙を貼らないでよいそうです。

第4章

8 決済・引渡し

融資が決まれば、次は、いよいよ決済の段階です。その多くは、買主側の金融機関で行われます。今まで当事者として20回以上の決済の場に臨みましたが、独特の雰囲気です。静謐《せいひつ》な空気が流れます。

売主、売主側の仲介の不動産屋さんと、売主がローンをつけている銀行の方、買主、買主側の仲介の不動産屋さん、買主側の銀行担当者、そして司法書士の先生と多い時は7名程度の方が一同に会します。そこで、粛々と決済が行われます。

初めての方ですとそこで萎縮してしまう雰囲気ですが、しかし、のまれることなく、知ったかぶりをせず、わからないことはドンドン質問しましょう。

まず、司法書士の先生が権利書等の登記に必要な書類のチェックを行います。

次に、敷金、家賃、固定資産税の按分の支払い等の清算を行い、売買代金の支払いのために買主は伝票等に記載します。この金額が現実に売主の口座に入金され確認（着金確認）をする間に、それぞれの仲介の不動産屋さんに仲介手数料を支払います。

代金の支払いが売主の口座に着金するまで皆でジーッと待ちます。この着金確認に時間がかかる場合が多いです。着金の確認ができたら物件に抵当権をつけている売主側の銀行が抵当権解除の書類を司法書士の先生に渡します。その書類を持って、司法書士の先生が法務局に行くか、電子申請をするのです。

最後に、鍵の引き渡しを受け、決済は終わりです。

これで無事所有権が移転します。所有権移転とともに賃貸人たる地位も移転します。晴れて大家さんになれるのです。

なお、通常、この時点で火災保険に加入する手続きを行う場合が多いです。金融機関によっては、火災保険の加入を融資の条件としているので、その場で保険の加入をさせ、その保険に質権の設定をするのです（最近はあまり質権として取りません）。また、最近は、保険の認定も難しくなってきているので、被害前の状況が争点になります。購入時の建物の状況を事細かく撮影して、保険が必要になった被害が発生した場合に備えておきましょう。

9 融資

(1) 最大の山場

不動産投資の最大の山場が融資付けです。

私の場合、最初、自宅兼アパートは都市銀行から融資を受け、次に、地方一棟は地方銀行とスルガ銀行から融資を受けました。そして退職後は、どの銀行からも貸してもらえなくなりましたが、唯一日本政策金融公庫だけが貸してくれました。退職して3年たち、規模を拡大し、なんとか事業として認められた段階である地方銀行から借り入れをすることができるようになりました。この時の支店長には本当に感謝しています。なお、現在その地方銀行と商工中金が私のメインバンクです。

その地方銀行に貸していただけるようになるまでの間、いくつもの銀行に借り入れを申し込みながらも断られました。当初は断られるたびに傷つきましたが、今はもう慣れました。慣れるまでは、断わられるたびに、私の人生を否定されるようで、精神衛生上、つらかったですね。

ただ、今だから言えるのですが、融資の申し込みはドンドンやるべきです。なぜならば、融資の姿勢は各金融機関によって異なりますし、また同一の金融機関でも支店によって異なる場合があります。さらに同じ支店でも時期によって異なるからです。提出資料も、一度そろえると、後は楽です。あーじゃない、こーじゃないと悩む前に融資の申込みをすべきです。

しかし、気軽に申し込めということではなく、ある程度の融資の常識を踏まえ、緊張感を持ちつつも、恐れることなく申し込んでみましょう、という意味です。

(2) 融資の基準

融資の基準というのは、銀行によって異なります。一律の基準というのはないような気がしますが、各銀行とも検討要素は、同じでしょう。ただ、どの部分を重視するのか、どの程度の基準にするのかが微妙に異なるのだと思います。

(3) 各金融機関

各銀行の特色について、地方に融資をしてくれる金融機関を中心にポイントを絞ってお話しします。完全に私の経験に基づいた、個人的なイメージとなります。

❶東日本銀行

金利は低めで1%台です。期間は、法定耐用年数内です。頭金は、2割程度必要と思われます。

本店は東京都中央区にあります。東京都に53店、茨城県に13店、栃木県に1店、埼玉県に5店、千葉県に3店、神奈川県に8店と、東京都を中心に多数の支店を展開しています。茨城県発祥の金融機関であり、茨城県は東京都の次に店舗数の多い地域となっています。

なお、業務の効率化の観点から他の金融機関と同様に店舗の整理が激しく、ドンドン閉鎖していますので、支店数は変更があるかもしれません。

エリア的には茨城県に多いので、茨城の物件であれば、土俵に乗る可能性があるでしょう。私は20年前に川崎に住んでいた頃、茨城のある支店と取引を開始して以来、継続してその店舗の周辺エリアの物件について借り入れさせてもらっています。

ただ、不動産投資自体にはそれほど前向きとは思えません。そのため、現在も、都心在住の方が地方の物件を購入できるのかは不明です。ただし、一度、突破できれば、継続して取引できる信頼に値する銀行です。

❷商工中金

日本政策金融公庫と並ぶ公的金融機関です。

その特徴は、物件の積算額でなく、収益還元法に重きを置いて判断すること、さらに、融資の上限が限りなく高いことです。

短所として、融資期間が10年程度（長くて15年）であり、また、金利も2％から3％の間の場合が多いと聞いています。公的機関にしてはやや高い金利であるのが難点です。

ある程度の規模の専業大家が対象になるので、サラリーマン大家には融資は難しいイメージです。

❸日本政策金融公庫

かつては地方築古物件でもフルローンで、15年の期間で貸してくれましたが、コロナ後は不動産投資にやや後ろ向きなイメージです。フルローンでなく、頭金が必要とされ、特に、返済期間が10年と短くなりました。現在、頭金があり、10年でも利益が出る高利回り物件であれば対応可能です。基本的に場所は問いません。

❹滋賀銀行

今、一番頼れる銀行だと思っています。全国対応で築古物件でも大丈夫です。以前は1棟目のみでしたが、緩んできています。ただし、専業大家および法人名義での融資は通りません。融資の上限は、4500万円です。

金利は高めで2・575%から4・875%です。ただ、状況が良ければ1・95%になります。融資期間は、50年から築年数を引いた額が基本です。81歳が上限です。保証会社がセゾンファンデックスであり、審査はそちらで行っています。

❺三井住友トラストローン&ファイナンス

共同担保があれば地方でも土俵に乗ることができます。ただ、最近、エリアが狭くなったイメージです。ノンバンクですが、使い勝手は良く、かつてのスルガより金利が低いです。

融資決定までのスピードも早く、私の場合には、①購入する物件の積算価格、②共同担保の物件の積算価格、③頭金の額の3点セットだけで融資の内定をしてくれました。全体の借入額や、他の物件の収支をそれほど気にしていない点が特徴的でした。なお、銀行と異なり、容積率違反の物件でも融資をしてくれます。

❻横浜幸銀信用組合

こちらも最近心強い金融機関です。なぜか東京・埼玉以外の全国に展開しています。金利は低く2・4%から2%後半です。基本的に法定耐用年数以内の貸出期間です。ただしサラリーマン大家には、融資が厳しいイメージです。専業大家に向いている感触です。

❼静岡銀行

静岡県に営業基盤を持つ地方銀行であり、東京・神奈川地区に18店舗、大阪・名古屋地区に5店舗展開中です。首都圏への不動産投資に力を入れています。築古木造物件への長期融資ができている方も多く聞きます。基本金利も3・3%程度と聞いています。ただ、問題は、物件の対象エリアが狭いということです。俗に国道16号線内といわれていますので、比較的狭い範囲です。もちろん、例外もあると思いますが、北関東では難しいイメージです。埼玉県の鴻巣市ぐらいまでが対象だと思われます。

❽オリックス銀行

すべての借入額を勘案して上限を設定されるので、投資初期に借りるべき金融機関と言われています。エリアも広く、検討に値する金融機関です。

❾セゾンファンデックス

全国対応で築古物件でも大丈夫です。ただし、市街化調整区域は嫌われる傾向にあります。法人名義でも通らないわけではないですが、個人が好まれます。融資期間は、50年から築年数を引いた年数です。ＲＣや重量鉄骨造だと60年から築年数を引いた年数が基本です。上限は30年です。金利が高く個人で３・65％です。所得制限はなく、融資上限は５０００万円です。物件の８割融資が可能です。

❿ＳＢＪ銀行

韓国大手の銀行である新韓銀行を中核とした新韓金融グループの日本現地法人です。非常に柔軟性のある銀行です。ただ、外資系だけに日系企業と異なることがないかどうかの確認は必要です。

⓫ＳＢＩエステートファイナンス

金利は高めです。東京都、神奈川県、埼玉県、千葉県の１都３県が基準ですが、実勢価格坪20万円あれば、群馬県でも土俵に乗るとの話があります。

⓬香川銀行・徳島大正銀行

１棟目に適しています。ただエリアが狭いイメージです。

⓭埼玉信用金庫

不動産投資に積極的です。ただし、埼玉勤務か在住でないと難しいです。伊勢崎市等の群馬県の一部所在の物件でも出るとの話を聞いたことがあります。埼玉県民がうらやましくなるほどです。

⓮スルガ銀行

現在、全く別のイメージの銀行になっていますが、かつては、不動産投資のエースでした。非常に斬新な考え方のもと、きちんとリスクを取り、その代わりに金利が高めで、スピード感のある決済が特徴でした。エリアも広かったと記憶しています。ただ、不祥事を起こして大きく変わりました。また不動産投資の世界にかつての勢いで戻ってきてほしいですね。

⓯すべての信用金庫

現在、勢いがあるのが信用金庫です。しかし、信用金庫はエリアの縛りが厳しいです。

そのため、住んでいるエリアにある物件についてのみ融資します。今一番融資が付いている方は、地方に住みその地方の物件を購入する方々です。塾生も地方に住んでいる方が最も勢いがあります。都内に住んでいる方がその物件の近くの北関東の金融機関に行っても、都内に支店がない限り、ほとんど相手にされません。

北関東の地方投資を前提に考えると、投資初期は、オリックス銀行と滋賀銀行で付けることをお勧めします。そして、中期は三井住友トラスト&ファイナンスや静岡銀行、横浜幸銀、日本政策金融公庫（高利回り用）が向いており、後半になると商工中金がお勧めです。ただ、スポット的に比較的金利が高いＳＢＩエステートファイナンスやＳＢＪ銀行、セゾンファンデックスを使うべきです。また、北関東在住であればそのエリア内の信用金庫を使い、埼玉県在住や勤務している方であれば、埼玉信用金庫を検討するのがよいでしょう。

さらに、塾生の中のつわものは、関西方面の金融機関が融資が出やすいと聞き、関西に引越しされた方もいます。那須高原に単身で転居し、そこで地元の金融機関から融資を引いてドンドン購入されている方もいます。また、転居まではしないものの地方に法人を置いて、単に形式的な事務所でなく、親戚や親等を配置して実質的にも事務所として活動して地元の金融機関から融資を引いている方もいます。
融資は不動産投資にとって重要なことなのです。

一日10行回り融資付け、ファイヤせずこれからの長い人生を楽しむ　女性Kさん

経歴　マスコミ勤務。もともとは株式を中心に投資をしていたが、不動産投資を開始。すでにファイヤできるレベルまで収入を得ているが、辞めることなく仕事と人生をエンジョイ。

投資概要　地方一棟物件を1棟（戸建てはなし）、横浜新築、埼玉中古2棟、全4棟所有。投資総額は2億1000万円。年間家賃収入は2300万円。年間CFは890万円。

本人インタビュー

1棟目は横浜にあったワンルーム新築を購入しました。利回り9％で、すぐ入居が決まり、かつ、修繕も不要で安心でした。しかし、それほど利益にならないことに気付き、また、リスクを減らすために、ある程度の現金をゲットできるボリュームに早くたどり着きたいと思うようになりました。そこで1都3県で融資してくれる銀行を見つけ、次々と物

件を購入しました。私は、「女性こそ不動産投資を」と思っております。男性よりも長生きする可能性の高い女性こそ、年金にプラスの家賃収入で楽しい老後になるよう、不動産投資をすべきではないかと思っているからです。当初は、不動産投資で成功し、早くファイヤしようと思っていました。しかし、資金的な余裕が出ると、会社のために血眼になる必要もなく、とりたててすぐ辞める必要もないかなと思うようになりました。現在、余裕をもってこの後の長い人生を楽しもうと思っています。

中島コメント

マスコミ関係の方です。そのためか不動産投資に関する情報にも貪欲に収集されています。

また、とてもエネルギッシュな方で、金融機関を開拓するために1日有休をとり、自宅周辺の金融機関10店舗に飛び込みでヒアリングをかけた方です。中には、すごく冷たい対応をされた金融機関もあったようで、普通では心が折れる方もおられますが、めげずにドンドン開拓されています。一度、浄化槽の故障で300万円近くの費用がかかることになり、へこんでおられましたが、業者と粘り強く交渉し相当安く工事させてしまうつわものです。

第5章

管理・運営

1 決済が終わると

銀行の応接間で粛々と決済が行われ、銀行を出た時には、あなたは、晴れてアパートオーナーです。

アパート運営は、基本的に孤独です。しかし、その中でも頼もしい味方がいます。それは管理会社、保証会社、保険会社、そしてガス屋さんとリフォーム屋さんです。こういった方々があなたのアパート経営をサポートしてくれます。

(1) 管理会社

❶選定

まずは、管理会社の選定方法についてお話しします。管理会社は、きわめて重要です。管理会社は、物件情報を得るためにすでにヒアリングした会社から感じが良かった会社を選定しましょう。もちろん、その管理会社が、自分の物件の管理に適しているかの下調べをしたうえでの判断です。

管理会社を比較する際の基本ポイントとして、入居率の高さがあります。具体的に年間平均の入居率を比較しましょう。

また、管理戸数が多ければ、それだけ実績があるという証拠であり、スケールメリットを生かしてコストが低いことでもあります。ただ、あまりにも管理戸数が多い場合には、親身な対応を望めない可能性があります。管理戸数は、一名の担当者で400件が適正でしょう。

そして、入居率に直結しているのがクレーム対応力です。クレームがあったら迅速に駆けつけてくれるかどうか。対応経験力が必要となります。担当が新人であれば、上司の業務経験等も確認すると良いかもしれません。

これらは、物件内見時のヒアリングの際に、サラッと聞き、融資が下り、購入がほぼ確定した段階でさらに聞いて絞り込みます。決済の時にはすでに決めていなければいけません。

管理会社の候補として、特に、大手不動産会社が候補に挙がると思います。

大手不動産会社のメリットは次のとおりです。

・管理戸数が多い会社は社員が多い
・管理システムが充実している
・コンプライアンスが徹底している
・カスタマーサービスが充実している
・広告宣伝費を多くかける

大手不動産会社のデメリットは次のとおりです。

・担当者の入れ替わりが多い
・数多くの管理物件の中の一つにしかすぎない
・リフォーム代が高い

なお、大手不動産会社の注意点として、直営店とＦＣ店があり、運営方法が違います。ＦＣ店では、独自の運営を行っていますので、注意が必要です。

一般的な不動産屋さんは、売買仲介、賃貸仲介、賃貸管理の３部門で構成されている場合が多いです。

❸賃貸管理

その中の賃貸管理とは不動産を管理し、管理料を得る部署です。入居者より徴収し、月額家賃、共益費等すべての費用の５％プラス消費税を管理費として支払う場合が多いです。相場より高い場合には、その理由を確認しましょう。５％であれば値切らずに、気持ち良く管理してもらいましょう。

たった５％でいろいろやってくれる。非常に安いものです。３％で管理を請け負うところもありますが、他の項目で費用が発生し、実質５％かかると思ったほうがいいでしょう。なお、直接、管理しようとする方もおられますが、地方で距離があり、また、対応が難しいので避けたほうがいいです。

さらに、重要な点は、地方の場合、各不動産屋さんは自己の管理する物件を最優先して客付けします。この点からも、管理会社に委託する必要性があります。

❹賃貸仲介の費用

賃貸仲介とは、不動産を賃貸し、仲介料を得る部署です。

契約時の成果報酬として1カ月分の手数料を通常は借り手の賃借人が支払います。

さらに、賃貸人からも1カ月分もらう場合が多いです。

ただ、この点は、宅建業法で双方から合わせて1カ月分と規定されている点に違反している可能性があるので、広告料（AD）という名目で支払われる場合が多いです。

少々グレーな話ですがADが、ここまで定着していると良いも悪いもないので、現実問題として、我々も払わざるを得ないでしょう。

また、単に1カ月分ではなく、AD2カ月分というのも場合によっては必要になります。

急いで入居させる時に、管理会社のモチベーションを上げるためです。

さらに、急いで客付けしたい場合は3カ月分のADを支払う場合もあります。

なお、管理会社が広く募集するために、他の不動産会社に依頼する場合にも、このように2カ月分要求される場合があります。すなわち、管理会社に1カ月分、客付け（賃借人を紹介）を依頼した相手先の不動産屋さんに1カ月分支払うのです。

❺賃貸募集のシステム

地方では管理会社が募集をします。管理と専属専任（その会社だけが賃貸の募集をできる）がセットでついてきます。管理会社が管理をするだけでなく、賃貸の募集も独占的にする場合が多いです。

このような状況ですので、地方の不動産屋さんはまず、自分が管理している物件の客付けを最優先にします。地方にあっては不動産屋さんの大半はアパートの管理を行い、その管理している物件を最優先にして募集しますので、管理していない物件の客付けをすることには熱心ではありません。

そのため、管理会社を持たない物件の客付けには苦労します。

なお、ハウスコム㈱等のように管理せずに、客付けのみを行う不動産屋さんもまれにあります。

❻付き合い方

積極的な大家は管理会社ととことん付き合います。私は、時々出かけてあいさつをする程度ですが、なるだけお菓子等でなく、各人にクオカードを配り物件と名前を覚えてもらうようにしています。お菓子はほとんどインパクトがないと聞いています。

(2) 保証会社

私が不動産投資を開始した20年前は、保証人を立てるのが主流でした。

つまり、賃貸契約の保証は、借り手の身内の方とか上司の方とかその他の個人の方々が賃借人の保証人になっていました。

しかし、実際何かあっても、こういった保証人に保証してもらうというのは非常に難しかったのです。保証人が、進んで払ってくれれば良いのですが、なかなかそうはなりません。

また、保証人から回収するのは、管理会社の管理の担当が行っていました。人から金銭を回収するのは、管理会社にとっても負担ですし、また大家にとっても心理的な負担でした。

ところが保証会社ができてから賃料の延滞や不払いによる追い出し等は保証会社が全部

やってくれるので、心理的・経済的な負担はなくなりました。

本当に便利な制度です。私は賃借人を選ぶに際して、最低、保証会社がつけば入居させるようにしています。

賃料不払いや追い出し等の負担がない現在、大家の負担も相当軽減されたはずです。

ただ、保証会社の中には、毎月の賃料自体も回収する会社があります。そうなってくると、家賃は回収するわ、保証はするわで、管理会社の存在意義が薄れてきて、保証会社の中には、管理会社を通さずに直接大家とつながるシステムを取り始めた会社も存在します。

ただ、いずれにしろ保証会社は今ではなくてはならない存在です。

大家にとって、非常にありがたい存在です。必ず保証人ではなく保証会社の保証を得て入居させるようにしましょう。

(3) 保険会社

不動産投資において、火災保険はきわめて重要な位置付けです。

建物に関するリスクの大半は火災保険で救済することができます。

なお、購入したアパートには火災保険のみではなく、地震保険も付けておくべきです。私の保険の掛け方として、補償額はそれほど求めず、補償する範囲を広めに設定します。もちろん補償額も多く、補償する範囲も広いのが望ましいですが、保険料が高くなりすぎますので、補償額のほうを薄くするというのが私の方針です。

なお、最近、雨どい等の風災による損害請求が増加したために保険料が大幅にアップしました。

2 アパート運営およびリスク回避

(1) 賃料不払い

時代劇を見ると、大家と店子の家賃についての駆け引きのシーンが追い出しと絡めてよくあります。昔から、大家にとっては、賃料回収と追い出しが、いかに心理的な負担がかかるのかがよくわかります。ただ、保証会社制度が整ってきた現在は、賃料不払いやこれに伴う退去の問題は、ほとんど他人ごとです。このことについては、すでにお話ししましたが、大家の心理的な負担は、大幅に軽減されたのです。

(2) 空室になったら

空室が発生した場合の対応としてどうするか。

いろいろな方法があると思いますが、私は、毎週金曜日、担当者宛てに連絡するようにしています。

連絡の内容は、「どうすれば満室になるのか」ということについての相談です。対策を示してもらいつつ、私の物件に興味を持ってもらいます。

具体的には、家賃が高いというのであれば、それが合理的ならすぐ下げますし、部屋が汚いということであれば、ハウスクリーニングを入れたりします。このように担当者の提案を吟味して合理的であればすぐ対応することで、担当者の信頼も得られるようになります。

そしてその結果を次週の金曜日に聞くという形をとります。

第5章

私は、空室が一番嫌いです。空間を貸しているのが大家ですので、空室が一番無駄だからです。家賃が下がってもいいのです。需要と供給の結果だと認識していますので、その家賃では需要がないならば、家賃を減額します。ただし、その物件を売却することを考える方は家賃をあまり安くすると利回りに影響し、その結果高く売れなくなります。よって、家賃を下げるのではなく、敷金や礼金やフリーレント（当初の家賃をただにする）等の方法を取ることを勧めます。私は、アパートを朽ちるまで持つのが信条なので、売却時を気にせずに、必要であればドンドン家賃を下げています。

ＩＴ系サラリーマン大家、不動産屋さんを50店回り空室を解消　男性Ｎさん

経歴　大手ＩＴ企業で開発の仕事に従事。当初、新築建売物件を横浜市で購入したものの、競争が激しくなかなか満室にならなかったために地方投資を開始。その後４棟を購入。

投資概要　地方一棟物件を４棟、都心一棟物件を１棟所有。投資総額は２億３０００万円。年間家賃収入は２４００万円。年間ＣＦは１２００万円。

本人インタビュー

お金に困る人生のイメージはありませんでした。しかし、30歳で結婚し、家を買い、2人目の子どもが生まれた時に妻が退職したことで、人生で初めて生活資金に不安を感じました。投資で不安を払拭しようと株やFXをやるも、しっくりきませんでした。不動産は現物があり自分も住人として身近で理解しやすいのでやれると思いました。

2015年、ある不動産屋さんから新築建売オーバーローン物件の紹介を受け、手元のキャッシュが減らないことにメリットを感じて横浜市の条件の良い場所で7000万円、表面8・2%、ワンルームの9室の物件を買いました。

しかし、周辺に同様の新築が6棟以上もあり、入居付けに苦労しました。そのような状況で、キャッシュがドンドン減るので、ADを3カ月つけたり横浜の客付け管理会社を50店以上回ったりして、なんとか満室にできました。その後は、地方一棟に転換して順調に4棟購入し、今のところ満足しています。

ところで、今から、不動産投資を始める方に次のとおり、三つのアドバイスをします。いずれも私が実体験で得たことです。

❶買う順番を間違えるな（2棟以上買うには「融資ありき」なので、融資情勢を知り、融資を積み

上げられるように物件を買う）

❷管理会社を間違えるな（客付けと物件管理が結果を左右する）

❸大家塾に入れ（まず本を読み、実践する時には大家塾で投資仲間を作って相談しながらことを進めるのが安全）

中島コメント

Nさんに関しては、親しくしている保険の代理店の方から、「Nさんは優秀ですね。Nさんから保険の制度の穴を指摘され、保険会社にも確認したところ、ご指摘のとおりでした。このような穴に気付く人はめったにいないと保険会社の方も驚いていましたよ」と言われたのが印象的です。なお、通常の新築物件は、すぐ満室になることと修繕費が不要であり、20年近くはこれがおおむね維持され、確実に儲かるのがその特徴です。しかし、今回の新築アパートは、近くに同様なアパートが6棟も建つ等のきわめて異常な状態で売り出されていたのです。このような供給過多の状態では、通常はすぐ満室になるエリアであってもなかなか満室になりません。ある種のだましです。このような事情は、購入物件の近くの不動産屋さんに飛び込みでヒアリングすることで情報を得ることができ、回避できた可能性はあります。

(3) 入居者

入居者で問題となることを記載します。

❶外国人

今後、日本の人口は減っていきます。それを補うものとして外国人は重要な要素となってきています。外国人を敬遠すると満室にすることがなかなかできなくなります。ただ、やはり日本人と異なり、外国人には特徴的な部分があります。生活様式が異なる点が問題として大きいですね。

ゴミ出し

まず一番問題となるのはゴミ出しです。分別をせずに、また、出す日を間違え、アパートのゴミ集積所を混乱に導きます。この場合には、まず、入居時に、本当にちゃんと説明したのかというのがポイントとなります。いいかげんな管理会社になると、日本語で説明をします。日本語ができないほうが悪いというニュアンスで説明してしまいます。

すでに、自治体によっては、ゴミ等のルールについて何カ国語ものパンフレットが作成されていますので、そのようなパンフレットを用いて、きちんと理解してもらうように説明するというのが第一です。現在は自動翻訳機も発達していますので、この翻訳機を用いて説明するというのも一つの方法です。

また、法人が借りて、住むのが外国人という場合も多々あります。その場合、その法人が説明していればいいのですが、そうでない場合も多いのです。実際に住んでいる人に対してまず理解をしてもらうということが重要です。

ただ、理解をしているのにもかかわらず、ルールを守らない人も、一定数存在します。その人に対しては何度も何度も注意していくしかないと思います。

排水

油をキッチンから流してしまい、排水管を詰まらせるというトラブルが非常に多いです。特に植物性油でなく、動物性油を使い、しかもそれをそのまま排水口に流すのでその油がしばらくして白いラード状の固まりとなって排水管を詰まらせるという案件が多発するのです。

生活様式の違いからくるものだと思うのですが、まず解決策としてはそうしないように徹底して説明することです。この問題は、現実に多大な出費を要することとなる場合もあります。排水管の取り替え等は費用が高額になるので、徹底して注意しなくてはならない問題です。

パーティー

外国人は飲み会を頻繁に部屋の中で行います。

また、バーベキューや、その他のパーティーもよくやっています。

それが騒ぎとなり、パトカーが呼ばれることも何度か経験しました。簡単にいうと、近所迷惑なのです。これも何度も注意をしていくしかないと思います。文化の違いなのでしょうか。

畑

アパートの敷地内に狭いながらも更地があれば、畑にして野菜などを育て始める人がいらっしゃいます。これについては、他の方の迷惑にならない限り黙認しています。

無断転貸・無断譲渡

外国人の入居に関して、最も驚いたのが、知らないうちに、賃借人が変更されている場合です。

Aさんという賃借人が、勝手にBさんに部屋を貸しているのです。このような又貸しの場合、さらに、賃借人が勝手に交代しているといった場合もあります。

つまり、管理会社が全く関与していない人が、実質上の賃借人になっているのです。頭が痛い問題です。私のアパートでも何度かありました。

このように、いろいろな問題が発生しますが、それでも私は外国人の方を積極的に受け入れています。外国人を除いてはなかなか満室にできないからです。また、外国人の方は意外と賃料の滞納はありません。追い出されると、新たに入居できない場合が多いからと推察されます。

❷生活保護

生活保護受給者は、以前は、やはり敬遠されていました。

しかし、毎月金銭を支給されるわけですから、収入に変動がある方より安定していると言えます。さらに、受給理由によっては、福祉事務所から賃貸人へ直接振り込まれる場合もあり、ある意味手堅いのです。

しかも一度入居すると、他への転居が難しいので、長期でいてくれる場合も多いのです。

ただし、次のような注意点もあります。

一つ目は、生活保護の場合は、住居費の上限というのが決まっています。その範囲でないと入居が難しいのです。

二つ目は、身寄りのない独居老人の場合、亡くなった場合の対応を考えておかなければなりません。ただ経験上、役所の係の方が対応してくれる場合が多いです。

三つ目は、若くして、身体に特に問題がないにもかかわらず、生活保護を受給している方もいますし、なかには精神に障害がある方がおられることも。その場合には、隣人との揉めごとが発生する可能性があります。そうなると対応が非常に難しくなるので、事前にわかっていれば避けるべきではないかなと思います。

❸高齢者

高齢者も避けられる場合があります。

理由として考えられるのは、部屋の中で亡くなられる可能性があるからだと思います。

ただ、私の経験では、高齢者というのは、比較的病院に行く機会が多く、何かあると入院させられる可能性が高いので、部屋の中で亡くなられる可能性はむしろ低いと思っています。もちろん絶対ではないですし、完全に主観です。

注意すべきは、入居後に認知症になった場合です。

例えば、「キッチンの水が出しっぱなしになっているのをじっと見つめて、その結果、水が溢れてしまった」という事例がありました。

この場合、水であったので大問題にまではならなかったのですが、火の関係でそのようなことがあれば、一大事です。

認知症の対応は重要です。別の施設に行ってもらうか、それとも、身内に引き取ってもらうしかありません。入居時・契約時に確認しておくべきです。

❹ペット

満室にする強力な武器として「ペット可」という方法があります。

特に新築のアパートに対抗していくためには、そのような工夫が必要になります。

私は昔から、犬派であって猫は苦手でした。しかし、娘が猫を飼い始めると徐々に猫が好きになっていきました。猫の驚くべき習性として、トイレが、百発百中でした。もちろん個体差はあると思いますが。

ペットで注意すべき第一は、まず多頭飼いをさせないということです。1、2匹ならばともかく、それ以上になると収拾がつかなくなる場合があります。ある大家から、50匹以上室内で野放しで飼っていた入居者がいて、大変な思いをしたという話も聞いています。そこまで極端でなかったとしても、多頭飼いは防がなければなりません。建物の傷みや、隣室への影響が大きすぎます。事前の契約の時点できっちりと、それを防ぐ対策をとっておくべきです。

注意すべき第二としては、匂いです。特に、オスの猫は、マーキングをします。床と壁の間に染み込んだりすると、なかなか匂いがとれません。事前に、特殊なコーティングをする等の方法を取るしかないでしょう。また、「オス猫は、去勢した個体に限る」という限定を付けるのも一つの方法になります。

さらに第三の注意すべき点としては、爪とぎがあります。退去した場合に、よく柱に傷がついているのを発見しますが、爪とぎグッズを備えさせるべきです。これも契約時に説明しておきましょう。

第四の注意点としては、犬の鳴き声です。犬種にもよりますが、過剰に反応して、よく鳴く場合があります。非常にかわいそうですが、通販で売っている鳴き声防止装置を付けてもらうことも検討しましょう。

❺賃借人間のトラブル

私は、大家になって20年たちますが、基本的に住んでいる方と話をすることはほとんどありません。20年の中で、話をしたのは5〜6人でしょう。ただし、大規模リフォームをした物件は別です。この場合は、何度も行くのでおのずと顔見知りになります。

もっとも、大家によっては、賃借人と近しく接する方法をあえて取る方もおられます。近い距離感でアパートの状況を把握するためです。私はその方法を取らないだけです。

よって、賃借人間のトラブルに直接接したことはありません。基本的には、管理会社が対応してくれるものと考えています。

とりわけ、賃借人間の騒音によるトラブルはその処理が大変です。まず、管理会社に対応してもらいます。それでもダメな場合は、大家としても法的な手段を視野に入れながらも対応せざるを得ないでしょう。

❻室内で死亡

私のアパートではこれまで、室内で亡くなった事象が5件発生しています。さらに、自殺の案件も最近発生しました。

アパートは、賃借人の人生そのものです。結婚や出産や、離婚や死亡等の人生のいろいろな事象が発生します。

大家としては、死亡の事象が一番問題ですが、騒ぐことなく、粛々と対応していくべきだと考えます。

部屋の中での病死による死亡は、告知事項ではありません。

しかし、管理会社によっては、新たに入居した方からの後日のクレームに対応するために、あえて告知する場合もあります。管理会社によって対応は変わるでしょう。

孤独死や室内の死亡に備えて、保険会社は相応の保険制度を設けています。

ただし、やや高額になりますし、また、世帯ごと、賃借人ごとでなく、棟ごとに入らざるを得ないためにコスト的には厳しいかと思います。少額保険では、世帯ごとに入る保険もあったように記憶していますが、実際のところはどうなのか、調べたほうがよいでしょう。

若い世代の賃借人ばかりの場合は、死亡の可能性は低いので、保険をかけないという選択肢も十分あります。

高齢の方はともかく、あまり病院に行かない50代・60代の方が、室内で亡くなられる場合は案外多いです。これも個人的な見解ですが。

部屋で亡くなられると、通常は警察の現場検証等が入り、ご遺体は、警察が運んでいきますので、アパートのオーナーは直接ご遺体をみるということはないと思います。私も見たことはありません。

問題なのは、残置物の処理です。身寄りのある方は、処分をお願いできます。しかし、身寄りがない方であれば、その残置物の処理は大変です。勝手に処分すると、後日、親族と名乗る方から賠償請求される可能性があるからです。現実的には、あまり可能性はないのですが、ゼロではありません。この場合に法的な処理をするとなると時間と費用がかかってしまいます。そのため、賃貸契約書の中にそのような場合の処分について事前に「所有権を放棄する」などと取り決めておくのが望ましいといえます。ただし、絶対的な効力があるとは限りません。

自殺の案件については、入居して2カ月の方でした。なぜ自殺されたのか理由はわかりませんが、非常に残念なことです。やはり、この場合も賃借人の人生そのものだというふうに理解するしかありません。この場合には、当然告知事項になりますし、また、仮に売却する時にも、大きな指値の要因になるでしょう。ただ、この自殺の案件の場合には、5000円下げて募集したところ、3カ月後には入居が決まりました。精神的な瑕疵は、気にしない方は気にしません。

いずれにしろ1～3棟しか持っていない場合には、これらのことが生じる可能性はきわめて低いと思われます。しかしゼロではないので一定の心構えはしておかなければなりません。

⑷ 台風

台風の被害もリスクの一つです。

過去で一番ひどかったのが、2019年9月に発生した台風15号でしょう。

この時、私の千葉県八街市のアパートは部屋の窓ガラスが割れ、雨風が浸入して、ひどい状況になりました。

このリスクの回避のためには、やはり火災保険が一番です。

火災保険は、火事の場合というイメージが強いですが、風災による被害にも補償されます。また補償されるように保険をかけなければなりません。それにより、損害の大半は回避できます。

もう一つ、台風の場合に、留意しなければならないことがあります。

工事業者の手配です。台風の後は、屋根にビニールシートを引く等の応急措置が必要になる場合があります。これに備えて、日頃からリフォーム屋と良好な関係を築いておきましょう。

(5) 火災

火災も一度経験しています。ある日、管理会社から。私の物件が火事になっており、消防車が20台近くきているという連絡がありました。その建物がＲＣでした。ＲＣは通常、延焼しづらいので、まず、その火災によって亡くなった方がいるかどうか、けがをされた方がいるかどうかにその時は注意しました。

それがなければ、延焼の可能性は低いので、火災による損害は小さいものと思われます。ただ、消火のための水が下の階に垂れて、下の階が水浸しになる可能性があります。この点、私の物件はぼや程度で済んだので、消防隊員が近くのペットボトルで素早く消火し、下の階に水が漏れることはなかったのです。

火災の原因は住んでいる方のタバコの処理に問題があったためでした。賃借人の保険、さらに建物の保険の二重の補償があったので、経済的な損失は免れました。

しかし、火災自体は事前に防ぐことができません。賃借人の注意を喚起するとともに、もし発生した場合に備えて、当然、火災保険は入っておくべきです。

(6) 地震

地震を避けるためには、地震が発生しないエリアないしは、発生しづらいエリアを選ぶしかありません。例えば、群馬は地震が少ないことで有名です。

また、旧耐震基準による物件をなるべく選ばない、持ってるアパートを1カ所に集中させないなどの対策も必要です。とはいえ、想定してないところで発生することもあります。

その一番の例が２０１1年3月に発生した東日本大震災です。静岡や東京あたりでは、地震が発生する危険性はいつも言われていましたが、北関東、東日本で大きな地震が発生するとは、一般にはあまり予想していなかったと思います。そのようななかで東日本大震災が発生しました。

私のアパートは茨城県にもあり、一部損、半損の損害を受けました。建物自体や建物の基礎にひびが入り、場所によっては部屋が傾いたところもあります。

とはいえ、これも保険によって経済的な損失はありませんでした。本当に保険はありがたいものだなと思っています。

(7) 金利急上昇

アパートを購入した場合、一般的に20年近くのローンを負います。そしてその大半は、変動金利ですので、状況によっては金利が高くなる場合が想定されます。バブルの頃は、銀行で変動の金利がなんと8・5％に達した記録もあります。

現在は、２％前後の金利でアパートローンが借りられますが、これが8・5％になったとすると、事実上、返済は難しくなる可能性があります。

さすがに、ここまで金利が上昇することは、容易に想定できません。もし仮にそのようなことになれば、物件価格は上がっていることが多いので、持ちこたえられない場合には売却検討すべきです。

(8) コロナ・その他事象

新型コロナウイルス感染症による住居系賃貸の損害は意外と少なかったと思います。やはり、住居系賃貸は強いと確信しました。不景気になるかと危惧しましたが、逆に、国がドンドンお金を市中に出したために、物件価格が上がってしまうという問題が発生していました。このような想定外の事態に対応するためにも、手元に現金を持っておくことが重要です。

3 リフォームや建物の設備

(1) 基本方針

地方のアパートにあってはインターロック等の設備よりも、家賃の額でまず選別されます。家賃の額が一番大きい問題なのです。

次に重要な問題が駐車場です。駐車場の台数が単身世帯では1台、ファミリー世帯では2台必要になる場合があります。時には、単身世帯でも2台必要になることもあります。友人や彼氏、彼女が来る場合に備えて、もう一台確保しておきたいという希望があるからでしょう。

建物のグレード、内装、設備というのは物件選びの3番目ぐらいに位置します。こじゃれた内装や設備というのはそれほど重要ではありません。むしろそこにお金をかけると家賃は高く設定しなければならないので、かえって客付けに苦労してしまいます。

つまり、内装や設備にお金をかけたとしても、その分高い家賃を取れるというわけではないのです。ここが都内のアパートと異なるところです。なお、設備については、119ページの「物件調査」でも解説しています。

ところで、リフォームの発注先を選ぶ際ですが、「工事費の妥当性」を判断する必要があります。

特に、リフォーム業者がどの程度「利益」を乗せているのか、見極めが必要です。

これは、見積りの総額から、原材料費と人件費を引けばおおよそ求めることが可能です。

まず、原材料費ですが、見積りに記載されている場合はそれを参考にしてください。ない場合は、ネットで調べてみてください。塗料やクロス等の費用の目安がわかります。

次に人件費ですが、職人1人の人工代は、通常だいたい2万円です。その中でも、経験の浅い方だと平均1・5万円、大工だと3・5万円程度で、技能により異なります。もちろん会社にもよりますので、あくまで目安です。

2人で2日間作業する場合であれば、2万円×2日×2人分で8万円ということです。

仮にですが、見積りの総額が20万円だった場合、原材料費が10万円、人工代が6万円とすると、4万円が業者の利益になります。その利益幅が妥当か否かを判断すべきです。

(2) 原状回復等

❶管理会社に委ねる長所・短所

リフォーム関係で、もっとも頻繁に修繕するケースが、住んでいた方が退去される時の原状回復工事です。

住んでいる方が長く住んでおられればおられるほど、工事する箇所も増えてきます。通常はクロスの張り替え、床のクッションフロアの張り替え、ハウスクリーニングの三つが必要になってきます。

問題はこの原状回復工事を管理会社に委ねるかどうかです。

管理費は5%しかなく、管理会社としてはこういう工事を受注することでその利益を得ている部分があります。だいたい、工事の2割程度を管理会社がもらっている場合が多いのです。よって、通常より高い額になります。これが良いのか悪いのかの問題です。

私は1棟しか持っていないようであれば、管理会社に委ねたほうが良いのではないかとも思います。

ただ、原状回復を機に特定の業者と親しくなると、それ以降は同じ業者に委ねることができます。

ところで、なぜ管理会社に委ねたほうが良い場合があるのかというと、管理会社は2割をはねますが、その分工事の仕上がり具合についてはしっかり確認しますし、責任を持ってくれるからです。

これに対して、自ら工事を委ねると、場合によっては手抜き工事をされる場合もあります。管理会社に委ねるかどうかというのは、それぞれ一長一短があります。

❷クロス

最も頻度の高い工事はクロスの張り替えです。1平米735円から1300円の単価です。ただ、貼るクロスの種類によって違ってきます。アクセントクロスはやや高めです。アクセントクロスとは、通常クロスは白いのですが、それに一面だけ他の色をつける、やや高価なクロスをいいます。

❸クッションフロア

床について、私はコスト的に見て安いクッションフロアを選びます。また、防音性も優れていると聞いています。1平米2200円から4500円です。

❹ハウスクリーニング

ハウスクリーニングは上手い下手があります。徹底してやるところは徹底してやってくれますが、そうでないところは素人がやったような感じで終わらせてしまうことも。必ずチェックが必要です。ただ、クリーニングについては、他の会社でやった場合でも、管理会社が必ず確認しますので、ストレートにクレームが入る場合が多いです。

《ハウスクリーニング代金の目安》

・1K　15000円から30000円
・3DK　50000円から85000円

❺和室から洋室へ（押し入れ）

原状回復の工事でありませんが、購入した物件が和室の場合には、管理会社から客付けで困ると言われ、洋室へ変更する場合が多いです。最近では特に和室は賃借人に敬遠されがちだからです。理由は、退去する時に畳の表替えを賃借人の負担でしなくてはいけないこと、さらに生活様式が洋式化しており、そのために和室が避けられているからだと思います。やはり競争力を考えると、洋室にせざるを得ないと考えていますので、積極的に変更しています。

❻オーナー自ら行う場合

工事をオーナー自ら行う方がいます。男女を問わず、大工仕事に憧れる人は多く、DIYが好きな方も少なくありません。ただ注意すべきは、オーナーはやはり素人です。どうしても、中途半端になり、あらが目立ってしまいます。そのため、管理会社からは好まれません。「中途半端なことやりやがって」と思われているのではないでしょうか。やるなら、気合いを入れて「完璧に」やるしかないでしょう。そうでなければやらない方がいいと思います。

私個人でいうと廃屋を8棟、いずれも全部業者に委ねてます。もともと、ぶきっちょで、小学校の雑巾を作る宿題でさえ針に糸を通せずにやむを得ず、ホチキスで雑巾を作ったくらいですから(笑)。

ただ唯一、30台ぐらいの砂利駐車場を作るために、1000㎡の畑をユンボとローラーで踏み固める必要が生じ、そのために夫婦で重機の資格を取り、工事をしました。自らやったのはそのぐらいです。

(3) ガス屋さんの協力

プロパンガス屋さんは競争が激しく、そのために大家に対していろいろな設備を付与してくれます。給湯器自体の交換も貸与という形で、実質無償で取り付けてくれます。さらに、エアコン、ウォシュレット、テレビドアホン、そして、うまくいけばキッチン、独立洗面台まで無償で貸与してくれる場合があります。

ただ、最近経済産業省の指導により、そのようにプロパンガス屋さんが設備を付けると、その経費の部分を賃借人の使用量に乗せる場合があるので、その旨を、賃借人に通知するよう指導がなされてきています。よって今後はなかなか付けられなくなるのではないかと思っています。

(4) 清掃

アパートの定期清掃はすべきです。賃料は安くても小ぎれいなアパートを目指していますので、当然、定期清掃を行っています。依頼先は清掃業者や、シルバー人材センター、住んでいる方です。

最近は近所の方に依頼する方法を一部取り入れており、とても便利です。「COSOJI（こそーじ）」というマッチングサイトで扱っています。

(5) 特殊工事等

❶その他の小さな工事

アパートの運営に際しては、原状回復以外に、キッチン、洗面所、トイレやエアコンの取り換え工事や網戸、洗濯バン取り換え工事等もあります。

キッチンは通販で探すと比較的団地仕様の安いタイプがあります。私はそれで新しくしています。ただし、キッチン本体だけでなく、コンロ置場、吊り戸棚、換気扇工事を含めると安く考えても11万円ぐらいかかります。

トイレは、全部取り代えで、安くても7万円程度かかります。廃棄料も発生します。

エアコンの取付工事も7万円はするでしょう。

網戸はサッシ部分まで調達すると、通販で1万円程度かかります。網戸の網の張り替えのみだと3000円前後でしょう。

❷外壁塗装

アパートの工事の中で最も経費がかかるのが外壁塗装です。しかも外壁塗装はその出来・不出来が容易にわかりづらい点が問題です。

まず下塗り、中塗り、上塗りの3度の塗りが必要です。しかし、本当に3度塗ったかどうか判断するのは、なかなか難しいです。

私は他の同業者の方に確認をしてもらうことがあります。さらに写真で報告してもらうか、現場に行って見ておくことは必要になるかと思います。

いずれにしろ外壁塗装は一番わかりづらいというのが問題です。

(6) その他設備

駐車場、井戸、貯水槽とポンプ、エレベーターは119ページの「物件調査」で記載しています。

4 税金

(1) 税金対策をしくじると利益が残らない

税金対策をしくじると利益が残りません。よって、アパート経営は、税金のことを常に考えなければなりません。税金のポイントは、帳簿の世界と現実のCF、キャッシュフローの世界を常に区別して考えることと、減価償却費を理解することの2点が重要です。そこに絞って説明します。

(2) 帳簿の世界と現実の世界

❶現実の世界

現実のCFの世界は、簡単に理解できます。小学生の算数程度です。

現実のお金の流れであって、概念的な理解はあまり必要ではありません。ただし、何が収入か、どのような場合が費用として認められるのか等の判断は微妙な場合があります。

「現実の世界」家賃－ローン元本－ローン金利－費用＝利益

❷帳簿の世界

これに対して、帳簿の世界、つまり所得税を算出するための計算は、概念的です。現実に出費するローンの元本を勘案せず、現実には出費しない減価償却費を出費したものとして計算するのです。

「帳簿の世界」家賃－ローン金利－減価償却－費用＝所得

帳簿の世界と現実のキャッシュフローの世界を常に区別して考えます。

ここで通常の方には聞き慣れない「減価償却費」がポイントとなります。

(3) 減価償却費とは

減価償却について、価格が大きく長期間にわたって使用できる物についでは、購入した年に全額を費用計上するのが現実の世界ですが、帳簿の世界では、一定の期間にわたって分割して費用計上するのです。

一度に費用計上してしまうと、購入した年に大きな赤字が発生してしまう等、毎年の利益を正確に把握することができなくなります。

こうした背景から、時間がたつにつれてその価値が減っていく資産については、法定耐用年数に応じて分割して費用計上するというのが減価償却の考え方なのです。

なお、対象は建物のみです。土地は対象になりません。土地は経年によって価値が下がるものではないからです。

つまり、建物を一定期間に分けて経費として計上するのです。

❶減価償却費の計算方法（期間）

減価償却期間＝（法定耐用年数−経過年数）＋経過年数×20％

法定耐用年数は次のとおりです。

鉄筋コンクリート　47年
重量鉄骨　34年
軽量鉄骨　19年
※法律では鉄骨と表現
※骨格材肉厚が3ミリ以下の場合は19年間、骨格材肉厚が3ミリ以上4ミリ未満の場合には27年間。これはメーカーに問い合わせないと容易にはわかりません。
木造　22年

例えば、築15年の木造物件を購入した場合、減価償却期間は次のようになります。

（22年−15年）＋15年×20％＝10年

対象の物件の築年数が法定耐用年数の一部を経過している場合は、次のように計算します。

減価償却期間＝法定耐用年数×20％
築30年の木造物件を購入した場合、減価償却期間は、次のようになります。
22年×20％＝4年

❷減価償却費の計算方法（建物の額）

減価償却の対象となるのは建物価格で、土地価格は含まれません。建物価格の決め方は大きく2通りあります。

㈠当事者間で適切な価格割合を決める

土地・建物の価格（比率）は、売買契約書に土地対建物の比率を明記することにより、当事者間で決めることができます。

ただし、実態の建物や土地の価値とかけ離れた価格割合に設定することはお勧めしません。常識の範囲を超えた設定だとみなされると、税務署から否認される可能性があるからです。

(イ) 固定資産税評価額の比率で按分する

当事者間の話し合いで折り合いがつかなかった場合には、固定資産税評価額の比率で按分します。通常は、こちらの処理が多いですが、建物価格は小さくなりがちですので、減価償却費が大きく取れず節税効果が薄まる可能性が高いです。

❸減価償却費の活用

減価償却費を大きく取れば、現実には黒字なのに、帳簿の世界では、赤字になることがあるのです。この点が、とりわけ大きな意味を持ちますし、不動産投資のメリットとして挙げられます。ただし、減価償却で費用とした分は、売却時には、その分を利益として扱うので、その分が課税されます。このように反作用がありますので注意が必要です。私は売却せずに、朽ちるまで持つ戦略なのでこの点は問題ありません。

❹デットクロス

前述の内容を思い出してください。

帳簿の世界と現実のキャッシュフローの世界を常に区別して考えます。

「現実の世界」　家賃－ローン元本－ローン金利－費用＝利益
「帳簿の世界」　家賃－ローン金利－減価償却－費用＝所得

購入して年数がたち、減価償却の期間が終わると、経費として控除される減価償却費がなくなり、家賃は変わらないのに税金が増えます。さらに、これに加えてローンも終わると控除されていたローンの利子もなくなり、なお一層払うべき税金が増加します。いずれも家賃は変わらないのに、税金が増えることになります。

これをデットクロスといい、不動産投資の世界では恐れられています。

運用益が少ない場合には、致命的なことになりかねません。

特に、税引き前のキャッシュより税金が多くなった場合には、税引き後のキャッシュはマイナスとなります。つまり、不動産経営での収支が赤字という状態です。

この状態が続くと最悪の場合、ローン返済や税金を払えなくなって破綻してしまうこともあります。これが、帳簿上は利益が出ているのに現金が不足してしまう「黒字倒産」です。

ただし、私が勧める地方一棟は、利回りが15％程度が多いので、少々税金が増えても耐えられます。それほど深刻な問題にならないと思われます。しかし、利回りが低い場合には死活問題になる可能性があります。

以上、税金についてざっくりと説明しました。私は、税理士ではありませんので、正確とは言えない部分もあります。ただ、大家としては、このようなざっくりとした大枠をまずは理解すべきです。

5 出口

(1) 朽ちるまで持つ戦略

私は、朽ちるまでの持つことを原則としています。取得した物件は、転売することなく回すだけ回して運用益で稼ぎ、朽ちたら解体して更地にして売る戦略です。

資産の入れ替えは、仲介手数料や所得税、そして次に購入する物件の仲介手数料や取得税の支払いを勘案すると、それほど儲かるとは思えません。

また、高利回りで購入しているので、現段階で、同じく高利回りで購入する物件を見つけるのは困難です。

さらに、次に購入する物件に融資を付けるのが大変です。

これらのことから、大規模修繕を惜しまずに、大切に長生きさせたほうが得策だと考えています。入居を検討している方から見て、築20年であろうと築40年であろうと、中がきれいならば借りる側からそれほど違いはないと思われます。

なお、朽ちた後に再築すればいいとも考えられますが、地方で新築物件を建てても利回り的に合致しません。

(2) 高利回りでも売却したほうが良い物件

高利回りであれば、原則持ち続けます。しかし、何らかのリスクがある物件、例えば、建物が傾いている等の重大な瑕疵や修繕箇所が多い場合には売却を考えるべきです。そして、実行すべきです。

私は、所有物件の近くにあるイオンが撤退する可能性が高いことを知り、売却したことがあります。

(3) 高く売却するためのテクニック

売却に際しては、利回りと買主に銀行融資がつくか否かが重要な要素となります。そこで、購入段階からすでに次の点を考慮した出口を考えるべきです。

❶利回り

購入段階で可能な限り高利回り物件を購入するように配慮します。購入時にそのエリアの相場から利回りがいくらならば売れるかを想定しておくべきです。利回りを日頃より意識して、家賃を下げないこと。敷金礼金やフリーレント等の初期費用を低くしても利回りに影響する家賃自体は可能な限り下げないようにすべきです。

❷銀行融資

地方一棟に融資してくれる金融機関は、流動的であり、時とともに変化する場合が多く、入れ替わりがあります。できれば、事前に売却する物件に融資をしてくれる金融機関を押さえておくのがベストです。売却の際には、そのような金融機関を押さえられる物元（売主側の不動産業者）を探したいものです。なお、あまりにも田舎の物件では、どのような金融機関でも融資自体が付かない場合があり、事実上出口がふさがれてしまいます。

地方のＲＣについては、すでにお話ししたように、なるべく避けるべきです。地方といえどもＲＣはそもそも利回りが低く、また、購入時には、積算価格は一定程度高いものの高額な物件が多く、建物の比率が高いです。ただし、その分積算価格の低下のスピードは速いのです。そのため売却時には低積算物件となり、融資が付きづらい可能性があります。また、そもそも地方の高額な物件を敬遠する金融機関が多いことも、売主に融資が付きづらい原因となります。

❸売却額

売却額は、売主の希望も重要ですが、周りの意見を踏まえて客観的に決めるべきです。契約不適合責任を免責にするか否かは重要な要素です。できるだけ免責にしてもらいましょう。土地建物比率で買主に配慮して、買主がより減価償却できるように配慮すればより売りやすいです。

❹仲介会社等

業者にもよりますが、専任・専属専任はしないほうがいいです。専任するにしても、当初の1カ月に限るなり、限定を加えた方がいいでしょう。専属媒介だと両手を狙い、自社で抱きかかえている場合が想定されるからです。

売る物件は新たに修繕する必要はありませんが、物件は清潔に保っておくべきです。

❺市場が売り時か否かを見極める

その時々の経済状況を見極めて売る時期を判断するべきです。

おわりに

私の机の奥には古ぼけた青いノートがあります。21年前に不動産投資を開始する時、いろいろ検討したことが書かれています。当時は、エクセルを使ってなかったので、手書きで、びっしりと数字を書き並べながら、一生の不動産投資の収支計算をしていました。

これを見ると、当時のことが思い出されます。計算した結果、一生で1億円程度の資産を形成できると出たのです。

あまりのすごさに震えたことを覚えています。当時の私の金銭感覚で、1億円は、想像を絶する額でした。その日は興奮して眠れませんでした（笑）。サラリーマンの生涯年収は2～3億円です。日々、20～30万円の世界で生きていたので、「億」という概念が別世界の物のように思えていました。それが、不動産投資をすると現実になるということに驚いたのです。

現在、同じく生涯の計算をしていますが、生涯年収は40億まで増やせると結果が出ています。今後は、現金中心に購入する予定なのでスピードが遅くはなりますが、すでに1億円では驚かなくなっています。

現在、39棟385戸、約12億円（購入価格）の物件を所有し、年間満室家賃収入は2億円程度で、ローンは6億円（4年後に3億、9年後に2億程度）です。年間CFは5000万円前後ですが、その大半を再投資に使っています。

21年前、住んでいた川崎市のマイホームを賃貸に出すとともに、新たに購入したマイホームの敷地内にアパートを新築し、2棟7戸で大家業を開始しました。この2棟で、一応の成功を収め、その後、運用益を重視する方法を取り、地方の高利回り物件を中心に買い進めました。その間、不動産投資以外は本業で管理職も務めつつ、イクメンも経験し、ロースクールにも通い（弁護士試験には2次で落ちましたが……）、四苦八苦しながら生き抜いてきました。

その後、軌道に乗ってきたので夫婦共に退職願を出し、共働きをやめて、共働かずになりました。一時、本業がなくなったために融資が付かずに苦しみましたが、その期間を乗り越えて、専業大家としてドンドン買い進め現在に至ります。この間、塾も開始し、また、2016年には一冊目の本（ごま書房新社）も出版しています。この時の物件所有数は、23

棟（15カ所）168戸です。それから7年で現在の39棟385戸となっています。

私は幸運にも大きな失敗もせずにここまでくることができました。それには多くの要因が考えられます。好意的な銀行支店長や不動産仲介の方々に出会いました。その他いろいろな方に助けられたと思っています。ただ、あえて二つに絞ると、次のとおりです。

まず第一は、倹約家の妻のおかげです。実は、誰のおかげでここまでこれたのかについては、日々、夫婦でバトル（!?）になっています。ただ、初期資本を形成できたのは、妻のおかげであることは事実です。最初のマイホームのローンを8年で返済でき、そのおかげで1、2棟目を購入できました。1年で400万円もローン返済できたのは、もっぱら妻のおかげであることは間違いなく、感謝しています。

第二に、地方投資に打って出た時に、仲介の担当者としていろいろアドバイスをしてくれた新川さんと出会えたことです。本書でも不動産営業の方についてお話をさせていただいていますが、残念なことに不誠実な営業の方や未熟な方が多いことは確かです。そのようななかで、口下手でありますが、誠実な営業の方に出会えたのは非常に幸運でした。

新川さんは、今では、株式会社クリスティと富士企画の社長です。その人柄のせいか、両社とも金融機関に絶大な信頼を得ています。ただ、当時と異なり、新川さんは、本を出版されたり、講演をされたりしているので、あの朴訥《ぼくとつ》とした話し方でなく、流れるようにお話をされるようになりました。ある意味、寂しく感じられます。

このように素晴らしい仲介の営業の方と出会えるか否かは大切なことです。ただ、新川さんのような誠実な方と出会える確率はそう高くはありません。そこで、これを補強する意味で本書を書きました。内容をご理解いただければ、そう簡単には騙されなくなります。不動産投資の闇の世界に吸い込まれる可能性は低くなるでしょう。また、私の塾に参加していただけると、なお一層成功への道に近づくと思います。

なお、塾では、すでに100名以上の卒業生を送り出しています。

全8回で、4回が現地、4回がZOOM講義です。毎回、5～10名程度の少数精鋭主義です。その卒業生の約2割は、不動産投資に成功し脱サラしています。また、6割は、サラリーマンとして働きながらその属性を生かしドンドン物件を購入しています。残りの2割の方が配偶者の了解を得られない等の理由で本格的に参入していない状況です。ただ、喜ばしいことに、失敗してどうにもならなくなったとの方の話は聞いていません。これは非常に重要なことです。

ところで、「自分自身のノウハウを塾等で公開してどうするの？」と聞かれることがあります。しかし、私は自らの情報を公開すればするほどに良い情報も私に集まると思っています。現に塾を主宰していると、有益な情報が塾生やその他の方から集まってきます。塾自体の収入は大したことはありませんが、得られる情報に価値があるのです。

なお、本書には塾生の体験記を記載しています。各塾生のヒアリングに2時間程度かけています。本来はもっと深掘りしたいところですが、ページ数の関係からできませんでした。いつか、彼らについて本を出版したいと思っています。

さて、地方一棟投資を中心になるだけ平易な言葉でお話ししたつもりです。読んでいただいた皆さんが、罠にかからずに成功するよう願っています。その上で、『地方一棟投資のススメ』なのです。しつこいようですが、注意すべき事項をお伝えします。

第一に、まず50時間は勉強しましょう。

第二に、必ずシミュレーションしましょう（「楽待」さんのシミュレーションが参考になります）。

第三に、検討している物件近くの不動産屋さん3店舗程度にヒアリングしましょう。

第四に、一級建築士等の玄人に物件を見てもらいましょう。

最後に、写真や資料を提供していただいた楽待（株式会社ファーストロジック）の藤江良部長さんにお礼申し上げます。お手間をおかけしました。また、塾生のヒアリングを担当していただいた内藤崇さん、誠にありがとうございます。ヒアリングを受けていただいた塾生の皆さん、ありがとうございます。出版のお話をくださいました合同フォレスト株式会社編集部の澤田啓一郎さんにもお世話になりました。

共働きで苦労をかけ、不動産会社勤務経験と宅建を取得した長女、共働かずになってから家にいつもいて困惑させ、現在宅建を取得中の次女にも感謝するとともに無事不動産事業を相続してくれるように願っています。何より妻には心より感謝しています。

そして、本書に何度も登場してくださっております新川さん、いつも本音で接していただき、ありがとうございます。

本書が、これから不動産投資を始めようと思われている方の助けになれば嬉しいです。

２０２３年12月吉日

中島　亮

●著者プロフィール

中島 亮（なかしま・りょう）

不動産投資家／法務博士／行政書士／宅地建物取引士

1962年、鹿児島県屋久島生まれ。中央大学法学部卒。

家族は妻と娘2人。趣味はテニス、サバゲー、妻との乗馬。

サラリーマン15年目よりアパート経営を開始し、その後6年でセミリタイヤを果たす。一般投資家が目をつけない地方の高利回り一棟物件取得からの高稼働・高収益経営を得意とし、現在39棟385戸所有。家賃年収は満室時19,000万円以上、キャッシュフローは実質4,000万円を超えている。

本業の不動産経営の傍ら、多くのサラリーマンに経済的余裕を持ってもらうため「N塾（中島塾）」を主宰。元サラリーマン大家の経験より、少数かつ現地主義によるリアルな不動産物件取得・運営術、得意な法視点からのリスク管理術等、充実した内容が参加者の多くより高評価を得ており、実際に受講生から続々と大家さんが誕生している。

サイト「健美家」コラムの大家列伝に紹介。また「楽待」動画に多数出演、ランキング常連となる。

著書に『手取り「年収1000万円」を目指す サラリーマン不動産投資術』（ごま書房新社）。


N塾では、地方一棟高利回り講座を8回行っています（zoom 4回、現地実習4回）。

中島亮本人による講義と共に、建築士、保険関連、税理士の専門家にも講義していただいております（人気のリフォーム体験もあり）。

開催は春と秋、毎回5、6人の少数精鋭で、現在の卒業生は約100人。

■お問い合わせはこちらまで
「中島亮ホームページ」 https://www.njuku.net/

ブログ「中島亮のサラリーマンだからできた不動産投資」
http://ryokrsa.blog.fc2.com/

組　　版　GALLAP
図　　版　GALLAP
装　　幀　内藤　悠二（sic）
校　　正　藤本　優子

地方一棟投資のススメ
生涯年収を増やして豊かな人生に

2024年2月20日　第1刷発行

著　者　　中島　亮
発行者　　松本　威
発　行　　合同フォレスト株式会社
郵便番号 184-0001
東京都小金井市関野町 1-6-10
電話 042（401）2939　FAX 042（401）2931
振替 00170-4-324578
ホームページ　https://www.godo-forest.co.jp
発　売　　合同出版株式会社
郵便番号 184-0001
東京都小金井市関野町 1-6-10
電話 042（401）2930　FAX 042（401）2931
印刷・製本　株式会社シナノ

ISBN 978-4-7726-6248-2　NDC 673　188 × 130